Die Suche nach dem Südland

James Cook

Nach den Aufzeichnungen Georg Forsters
bearbeitet von
Dr. Hans Damm

© 2007 SDS AG
in Kooperation mit dem
traveldiary.de Reiseliteraturverlag
Hamburg

ISBN: 978-3-935959-04-9

Inhalt

	Seite
Die historischen und geographischen Grundlagen der Fahrten Cooks	5
1. Ankunft in Neuseeland	17
2. Aufenthalt im Charlottesund	27
3. Erforschung von Tahiti	37
4. Die Societätsinseln	49
5. Bei liebenswürdigen Eingeborenen der Freundschaftsinseln	57
6. Bei den Kannibalen auf Neuseeland	69
7. Vorstoß nach dem Südland. Besuch der Osterinseln	79
8. Nach den Marquesasinseln	89
9. Tahiti im Zeichen des Krieges	95
10. Die Errioys auf den Societätsinseln	101
11. Fahrt nach den Freundschaftsinseln	107
12. Entdeckung der Neuen Hebriden	113
13. Aufenthalt auf Tanna	121
14. Entdeckung von Neukaledonien. Heimfahrt	133
Erläuterung der geographischen Namen	141

Die historischen und geographischen Grundlagen der Fahrten Cooks.

Die Vorstellung von einem Südland, einer Terra australis incognita, geht auf das griechische Altertum zurück. Den Ausgangspunkt bildet der Globus des Kraters von Mallos (170 v. Chr.), der durch einen meridionalen und einen äquatorialen Ozeangürtel in vier kontinentale Inseln zerlegt wurde. Zur Entstehung der Hypothese von einem Südlande trug die Ansicht des Seleukos (200 v. Chr.), daß der Indische Ozean keine Ebbe und Flut habe, wesentlich bei. Claudius Ptolemäus (200 v. Chr.) stimmte ihm zu und machte den Indischen Ozean zu einem Binnenmeer, indem er den Ostrand Afrikas mit Südostasien verband. Beide Ansichten erhielten sich bis ins Mittelalter. Im 15. Jahrhundert wurde die Geographie des Ptolemäus neu belebt, und so nimmt es nicht wunder, wenn sogar im Weltbild des Amerigo Vespucci die Vorstellung von einem Südkontinent wieder auftaucht. Südamerika sollte dabei als der östliche, abgerissene Teil der alten Terra australis gelten. Als die Spanier und Portugiesen im 16. Jahrhundert die Ostküste Brasiliens befuhren, glaubte man immer mehr Anhaltspunkte für das Vorhandensein des Südlandes gefunden zu haben. Die Vertreter Augsburger Handelsfirmen brachten davon Kunde nach Deutschland; wir finden diese Nachricht in der „Copia der Newen Zeytung aus Presillgland", aus der Johannes Schöner das Material für seine kartographischen Arbeiten schöpfte. Auf seinen Globen von 1515 und 1520 tritt das Südland als Brasilia regio südlich von Südamerika auf und ist durch eine willkürlich angenommene Wasserstraße vom südamerikanischen Kontinent getrennt.

Mit dem Bekanntwerden der Ergebnisse der Expedition des Magalhães (1519-22) glaubte man vor allen Dingen in dem neu entdeckten Feuerland, das vom Festland durch die Magalhãesstraße getrennt ist, die Nordküste des Südlandes gefunden zu haben. Die „Brasilia regio", später „Brasilia inferior" oder „Terra Magallanica" genannt, wuchs sich in der Vorstellung der damaligen Kartographen zu ungeheurem Umfang aus. Bei Merkator und Ortelius bedeckt es den größten Teil der südlichen Halbkugel.

Zur Zeit der spanischen Seeherrschaft über den Stillen Ozean erfuhr das Problem der Terra australis incognita keine wesentliche Klärung. Die Spanier durchkreuzten wohl mehrfach auf ihren Hin- und Rückfahrten zwischen Mexiko und den Molukken die Südsee, kamen aber nicht in höhere Breiten. Als am 16. Mai 1545 der Spanier Yñigo Ortiz de Retes von Tidore nach Mexiko ausfuhr, stieß er im Juni auf ein großes Land, dessen Küste er ein großes Stück verfolgte. Er glaubte, darin einen Teil des gesuchten Südkontinents vor sich zu haben. Da die Bewohner ihrer Erscheinung nach mit denen der Guineaküste Afrikas übereinstimmten, nannte er das Land Nova Guinea. Die Goldgier der damaligen Zeit witterte auch in diesem neuen Land unermeßliche Reichtümer. Der Vizekönig von Peru, Lope Garcia de Castro, rüstete deshalb eine größere Expedition aus, die am 20. November 1567 unter dem Kommando des Alvaro de Mendaña den peruanischen Hafen Callao verließ. Der Expedition gelang es aber nicht, das vermeintliche Südland aufzufinden, dagegen entdeckte man nach langer Fahrt Neuland, das man als das Ophir Salomos ansah und Islas de Salomon nannte. Die Schiffe kehrten darauf zurück und erreichten Ende Januar 1569 wieder die Heimat. Erst 1595 wurde Mendaña durch Mittel des Vizekönigs von Peru Don Garcia Hurtado de Mendoza Marques de Cañete in die Lage versetzt, eine zweite Expedition zu unternehmen, um sein neu entdecktes Land wieder aufzusuchen. Wohl sichtete er dabei eine Reihe von Inseln im Osten des Stillen Ozeans, die er zu Ehren des Vizekönigs Las Marquesas de Mendoza nannte, doch das „Ophir des Salomo" fand er nicht wieder. Am 9. Oktober verschied er auf hoher See, sein erster Pilot Pedro Fernandes des Quiros übernahm den Befehl und führte die Schiffe wieder nach Mexiko zurück. Quiros rastete nicht. Eine neue Expedition verließ unter seinem Kommando am 25. Dezember 1605 den Hafen von Callao. Am 1. Mai 1606 stieß man auf Land, das man als die Terra australis incognita ansah. Quiros nannte es Australia del Espiritu Santo; es ist Merene, die größte Insel der Neuen Hebriden. Die meuternde Mannschaft zwang Quiros, von hier nach Peru zurückzusegeln, wo er am 23. Oktober 1607 eintraf und höchst phantastische, lügnerische Berichte über seine Entdeckungen verbreitete.

Mit Beginn des 17. Jahrhunderts verdrängten die Holländer, Engländer und später Franzosen mehr und mehr die spanische Vormachtstellung in der Südsee. In dieser Zeit wurden schon Gründe beigebracht, die, wenn auch nicht gegen ein Bestehen des Südkontinents, so doch gegen seine große Ausdehnung sprachen. Im Jahre 1577 hatten mehrere englische Kaperschiffe unter dem Kommando von Francis Drake die Südsee befahren. Nach Durchseglung der Magalhãesstraße wurden sie durch Stürme bis zum 56. Grad südlicher Breite verschlagen. Drake stellte dabei fest, daß das Feuerland durchaus keine feste kompakte Landmasse, sondern fjordartig zerklüftet sei. Außerdem konnte er die Beobachtung machen, daß sich in diesen Breiten der Atlantische und Pazifische Ozean vereinigen, von einem weit nach Süden ausgreifenden Kontinent also nicht die Rede sein konnte.

Die Holländer hatten mittlerweile die portugiesische Herrschaft auf den Molukken beseitigt. Die junge holländische Kolonialmacht versuchte, vom Westen her dem Südland näherzukommen. Die 1606 von den Molukken unter William Janszoon unternommene Expedition hatte Teile der Terra australis wirklich zu Gesicht bekommen. Neun Jahre später sandte die neugegründete „Australische Kompanie" von Osten her unter dem Kommando der Kapitäne Jacques le Maire und Willem Corneliszoon Schouten zwei Schiffe aus. Die Fahrt ging um die Südspitze Südamerikas quer durch den Stillen Ozean. Schließlich stießen sie auf die Nordküste von Neuguinea, an der entlang sie bis zu den Molukken fuhren, die sie im Herbst 1616 erreichten. Von dem riesigen Südland wußten sie nichts zu berichten. Eine wesentliche Förderung erfuhr dieses Problem erst durch die Fahrt des Holländers Abel Janszoon Tasman. Auf Betreiben des holländischen Generalgouverneurs von Indien Antonio van Diemen war Tasman am 14. August 1642 „zur Entdeckung des unbekannten Südlandes, der Südostküste von Neuguinea und seiner umliegenden Inseln" ausgesandt worden. Er umfuhr, ohne es zu wissen, auf seiner in ungefähr 45 Grad südlichen Breite verlaufenden Route den australischen Kontinent, stieß am 24. November 1642 auf Neuland, das er dem Gouverneur zu Ehren Van-Diemens-Land nannte; erst 1856 wurde es mit dem Namen des Entdeckers belegt. Tasman erkannte damals noch nicht den Inselcharakter, stellte aber doch bereits fest, daß das Südland, soweit es überhaupt existiere, nicht über 45 Grad südlicher Breite reichen könne. Von Van-Diemens-Land aus fuhr er weiter gegen Osten, entdeckte Neuseeland, richtete dann den Lauf nach Norden, durchfuhr die Tonga- und Fidschiinseln und traf schließlich wieder auf die Nordküste von Neuguinea. Am 15. Juni 1643 erreichte er Batavia. Die Ausdehnung der Terra australis war damit wesentlich begrenzt worden.

Der Regierung kam es nun darauf an, festzustellen, ob das Südland, dessen südlichsten Punkt man in Van-Diemens-Land sah, mit Neuguinea zusammenhänge oder ob es durch eine Meerenge getrennt sei. Zur Lösung dieser Aufgabe war wiederum Tasman auserkoren worden. Am 30. Januar 1644 verließ er mit zwei Schiffen die Reede von Batavia, fuhr längs der Südküste von Neuguinea hin und stieß bis zum Carpentariagolf vor, kehrte dann aber zurück, ohne die bereits von Torres 1606 entdeckte Straße zwischen Australien und Neuguinea aufgefunden zu haben.

Nach dem Stand der Forschung sollte man meinen, daß er schon damals mit der phantastischen Vorstellung vom Südland für immer vorbei gewesen sei. Aber gerade das Gegenteil war der Fall! Für die Holländer war das Problem der Terra australis durch die Fahrten Tasmans so gut wie gelöst, anders bei den übrigen Nationen. Diese klammerten sich an die alte Auffassung vom Südland, die durch die 1739 in höheren südlichen Breiten gemachten Entdeckungen des Franzosen Lozier Bouvet und einiger anderer Entdecker neue Nahrung fand. Vor allen Dingen stützte man sich auf die Tatsache, daß Tasman das auf seiner ersten Reise entdeckte Neuseeland nicht bis zu seiner südlichsten Erstreckung verfolgt hatte. Phantasiereiche Gemüter hielten es noch für einen Ausläufer des Südlandes. Selbst hundert Jahre nach Tasmans Feststellungen spukte dieser Kontinent in vielen Köpfen. Suchte doch die 1721 unter Jacob Roggeveen ausgesandte Expedition noch nach der Terra australis. Erst ein halbes Jahrhundert später war es den Forschungsreisen des Kapitäns James Cook vorbehalten, das Problem des Südlandes besonders durch seine zweite Reise endgültig zu lösen.

Die politischen Vorgänge auf dem europäischen Kontinent hatten England wertvolle Kolonien in Nordamerika und im Indischen Ozean erringen lassen. England begann seine neue Stellung als Kolonialmacht mit einer Reihe größerer Expeditionen einzuleiten.

Was die Entdeckungstätigkeit in der Südsee ungemein erschwerte und woran einige Expeditionen der neuen Epoche gescheitert sind, war die ungenaue geographische Bestimmung der von früheren Seefahrern aufgefundenen Inseln, die erst wieder neu entdeckt werden mußten. So erklärt es sich, daß die erste englische Expedition dieser Epoche unter Byron (1764) die vor 200 Jahren entdeckten Salomonen, ebenso die Osterinsel nicht wieder auffand. Ohne positive Ergebnisse kehrte Byron 1766 in die Heimat zurück. Mehr von Erfolg gekrönt war die 1766 ausgesandte Expedition seines Landsmanns Samuel Wallis. Dieser fand das bereits von Quiros 1606 entdeckte Tahiti wieder und außerdem einige der Marshall- und Gilbertinseln. In dasselbe Jahr fällt auch eine französische Expedition, die weite Teile der Südsee entschleierte und den Auftakt zu Cooks großen Entdeckungen bildete; es war die Expedition des Bougainville.

Trotz der bescheidenen Erfolge der ersten englischen Expeditionen ließ es sich die königliche Gesellschaft nicht verdrießen, mit neuen Vorschlägen an König Georg III. heranzutreten. Für das Jahr 1769 stand ein wichtiges astronomisches Ereignis bevor, der Vorübergang der Venus vor der Sonne. Für die vorzunehmenden astronomischen Beobachtungen und Messungen waren zuerst die Marquesasinseln ausersehen worden, die Feststellungen von Wallis ließen jedoch Tahiti als geeigneter erscheinen. Zum Führer dieser Expedition wurde Cook bestimmt.

Damit begann die große Epoche der wissenschaftlichen Entdeckungsfahrten. Nicht allein der Vergrößerung des Kolonialbesitzes, sondern auch der geographischen und völkerkundlichen Erschließung dieser Gebiete galt das Interesse. An der am 26. August 1768 angetretenen ersten Fahrt nahmen als Wissenschaftler außer Astronomen auch Botaniker und Zoologen teil.

Die Ausbeute war über alles Erwarten reich. In westlicher Richtung segelnd umfuhr Cook die Südspitze Südamerikas mit dem Ziele Tahiti. Während eines mehrwöchigen Aufenthalts wurde die Insel geographisch wie völkerkundlich genau aufgenommen; auf der Weiterfahrt entdeckte er die Tubuaiinseln und traf schließlich auf Neuseeland, das Cook vollständig umfuhr, ohne jedoch den Doppelinselcharakter festgestellt zu haben; die weitere Fahrt brachte ihn mit der Ostküste Australiens in Berührung, die er bis zur Torresstraße verfolgte. Nach Durchfahrung dieser Straße traf er auf die malaiische Inselwelt, an deren Südgrenze er entlang segelte. Am 12. Juli 1771 erreichte er wieder die Heimat.

Die erste Reise hatte Cooks außerordentliche Befähigung erwiesen. Die reiche wissenschaftliche Ausbeute lockte zu neuen Taten, und so kam es, daß Cook, kaum heimgekehrt, die zweite Reise antrat, um vor allem das Problem des Südlandes zu lösen; diese Reise bildet an der Hand der Forsterschen Berichte den Inhalt des vorliegenden Bandes. An dieser Expedition nahmen als Wissenschaftler die beiden Deutschen Johann Reinhold Forster und dessen ältester Sohn Georg teil. Sie waren beide von der englischen Regierung beauftragt worden, Land und Leute der neuen Gebiete zu studieren. In Kapstadt schloß sich ihnen noch der Botaniker Dr. Sparrmann freiwillig an. Des ferneren hatte die Admiralität der Expedition außer Astronomen auch einen Zeichner, namens Hodges, beigegeben, der das Neue, was sich ihm bot, nach der Natur zeichnen sollte. Eine Auswahl der prächtigen Kupferstiche ist hier in Nachbildungen beigegeben. Die zweite Reise, die in östlicher Richtung erfolgte, baute die Entdeckungen der ersten Fahrt weiter aus und erweiterte die geographische Kenntnis von der Südsee bis zu den Neuen Hebriden und Neukaledonien. Vor allen Dingen – und das war das Ziel der ganzen Reise – stellte Cook durch mehrfache Vorstöße in höhere südliche Breiten bis über den 70. Breitengrad hinaus fest, daß ein Südland nicht existierte. Durch seine Umfahrung des Südpolargebietes erledigte er das Problem des Südlandes endgültig.

Kaum von dieser Reise zurückgekehrt, lockte ihn ein neues Problem in den Stillen Ozean. Es galt die nordöstliche Durchfahrt im

Norden Amerikas aufzufinden, um eine kürzere Verbindung von England mit dem Ostrand Asiens herzustellen. Wenn Cook dieses Ziel auch nicht erreichte, so hat er doch durch die Entdeckung der Hawaii-Inseln das geographische Bild der Südsee so gut wie ganz aufgedeckt, und er hat auch durch die Befahrung der nordwestamerikanischen Küste für Geographie und Völkerkunde reiches Material zusammengetragen. Leider war es ihm nicht vergönnt, die Expedition selbst zu Ende zu führen, in einem Kampf mit den Eingeborenen von Hawaii büßte er am 14. Februar 1779 sein Leben ein.

James Cook war am 27. Oktober 1728 als Sohn einfacher Landleute im Dorfe Marton in der englischen Grafschaft York geboren. Nach der Schulzeit gab ihn sein Vater in die Lehre, doch den tatendurstigen Knaben zog es hinaus aufs Meer. Er entlief seinem Lehrherrn und ließ sich auf einem Kohlenschiff anheuern, später bildete er sich in der Nautik weiter aus und brachte es bald zum Untersteuermann. In den Jahren 1764 – 67 nahm er die Küste der Insel Neufundland auf und war auch astronomisch tätig. Gerade diese Arbeiten, die er der Königlichen Gesellschaft vorlegte, ließen ihn als den geeignetsten Führer der in Aussicht genommenen Expedition erscheinen. Die reichen Ergebnisse, die er von seinen drei Reisen mit heimbrachte, haben der Regierung recht gegeben. Zum Gelingen seiner Expeditionen trug vor allen Dingen die Fürsorge bei, die er den Schiffen und ihrer Mannschaft angedeihen ließ. Was seine Reisen so ergebnisreich werden ließ, war das Verhältnis zu den Bewohnern der neu entdeckten Gebiete. Im Gegensatz zu früheren Entdeckern suchte er stets auf friedliche Weise mit den Eingeborenen auszukommen, ihre Kultur mit allen ihren sonderbaren Sitten und Gebräuchen zu verstehen, sich in die Seele dieser Naturkinder zu versenken.

Durch die Reisen Cooks ist nicht nur die geographische Kenntnis von der Südsee, insbesondere Polynesiens, klargestellt worden, es sind durch ihn auch die ersten genauen kartographischen Aufnahmen und Ortsbestimmungen jener Gebiete auf uns gekommen. Soweit es seine Pflichten als Expeditionsführer erlaubten, hat er auch wertvolle völkerkundliche Schilderungen von den Bewohnern der neuen Gebiete gegeben, die sich mit denen seiner wissenschaftlich geschulten Begleiter wertvoll ergänzen.

Als solche nahmen auf seiner zweiten Reise die beiden Deutschen Forster, Johann Reinhold und dessen Sohn Georg, teil. Johann Reinhold Forster war am 22. Oktober 1729 in Dirschau bei Danzig geboren. Er studierte in Halle gegen seine Neigung Theologie und widmete sich daneben dem Studium neuerer und älterer Sprachen. Mit 25 Jahren erhielt er eine Predigerstelle in der Nähe seiner Geburtsstadt. Seine Mußestunden verwendete er auf seine Lieblingsfächer, Botanik, Zoologie und Völkerkunde. In den folgenden Jahren hielt er sich zum Teil in Rußland, zum großen Teil aber in England auf, wo er zwei Jahre lang die Stelle eines Professors der Naturwissenschaften zu Warrington in Lancashire bekleidete. 1772 erhielt er von der englischen Regierung den Auftrag, als Naturforscher an der zweiten Reise Cooks teilzunehmen. Nach glücklicher Rückkehr sollte Johann Reinhold Forster eine „philosophische Geschichte der Reise" herausgeben, ein Plan, den man späterhin für Forster in recht verletzender Weise aufgab. Da Forster auch eine Beschreibung der Reise nicht zugestanden wurde, unternahm es sein Sohn Georg, der ihn auf der Reise begleitet hatte, auf Grund eigener Beobachtungen und unter Hinzuziehung des väterlichen Materials in einem zweibändigen Werk „ Joh. Reinh. Forsters Reise um die Welt" (Berlin 1778) zu veröffentlichen. Der vorliegende Band ist ein Auszug aus dem kulturgeschichtlich wertvollen Werk. Am 9. Dezember 1798 starb Johann Reinhold Forster als Professor für Naturgeschichte in Halle.

Sein ältester Sohn Johann Georg Adam Forster, hatte am 26. November 1754 in Nassenhuben bei Danzig das Licht der Welt erblickt. Mit 18 Jahren nahm er an der Weltumsegelung Cooks teil und begab sich nach der Rückkehr, schwer an seiner Gesundheit geschädigt, nach Paris. Der Landgraf von Hessen-Kassel bot ihm eine Stelle an der Ritterakademie zu Kassel an, die Georg Forster sechs Jahre lang innehatte. Nach einer kurzen Lehrtätigkeit in Wilna wurde er vom Kurfürsten zu Mainz zum Professor und ersten Bibliothekar ernannt. Durch seine republikanischen Pläne – er trat für eine Vereinigung des Rheinlandes mit Frankreich ein – wurde er der

Heimat verlustig und ging nach Paris. Hier studierte er morgenländische Sprachen, um sich für eine Reise nach Indien vorzubereiten, erlag aber am 10. Januar 1794 den Anstrengungen der letzten Jahre.

Beide Forster haben für die Naturwissenschaften, besondern für die Völkerkunde, durch Herausgabe ihrer eigenen Beobachtungen und deren Bearbeitung und auch durch Übersetzung zahlreicher fremder, zeitgenössischer Reisewerke ungemein befruchtend gewirkt.

Das starke völkerkundliche Interesse erklärt sich aus dem Geist der damaligen Zeit. Die Ideen des französischen Philosophen Jean Jacques Rousseau hatten das Interesse an der Kulturgeschichte fremder Völker, besondern der Naturvölker, stark in den Vordergrund gestellt, sah man doch in ihrer Kultur einen paradiesischen Kindheitszustand der eigenen. Diese „Glückseligkeit" wieder zu erlangen, war das Streben der Anhänger der Lehre Rousseaus. Während der Vater, Johann Reinhold Forster, in seinen strengen naturwissenschaftlichen Anschauungen ein Gegner dieser phantastischen Gedankenkonstruktionen war, stand sein Sohn Georg ganz im Bann dieser Ideen, als er die Weltreise antrat. Auch in seiner Reisebeschreibung spürt man noch merkbar diesen Einfluß. Andernorts finden wir jedoch schon Gedanken, die eine Kritik der Rousseauschen Ideen in sich bergen; so stellt Froster fest, daß die staatlichen Verhältnisse der Eingeborenen keinesfalls besser sind als die europäischen, daß es auch Standesunterschiede gibt, daß der Naturmensch nur dem Augenblick lebt und in keiner Weise für die Zukunft vorsorgt.

Wichtiger als alle diese philosophischen Betrachtungen sind die völkerkundlichen Angaben. Sie sind dadurch besonders wertvoll, daß sie uns Kulturzustände vermitteln, die heute nicht mehr in dieser Originalität, zum Teil überhaupt nicht mehr bestehen. Die Ausführlichkeit und Treue der Schilderung steht für die damalige Zeit und lange Jahre danach noch unerreicht da. Was uns Forster in seiner Reisebeschreibung gibt, sind vor allen Dingen Schilderungen der materiellen Kultur und des wirtschaftlichen und sozialen Lebens. Wenn auch sprachliche Aufnahmen vorgenommen wurden, so reichte doch die Sprachkenntnis nicht hin, tiefgründige Forschungen über die religiösen und mythologischen Vorstellungen der Eingeborenen anzustellen. Bei seinen völkerkundlichen Untersuchungen ist jedoch Forster zu Überlegungen und Ergebnissen gekommen, die auch heute noch volle Gültigkeit haben. Er wendet bereits in seiner Reisebeschreibung die ethnologische oder vergleichende Methode an und kommt unter Zugrundelegung seines Materials zu der Folgerung, daß die Bewohner der größtenteils von ihm besuchten Südseeinseln, von der Osterinsel bis Neuseeland, auf Grund ihrer gleichen Erscheinung, Kultur und Sprache einer Herkunft sein müssen. Diese Folgerung besteht heute noch zu vollem Recht; die moderne Völkerkunde faßt diese Südseeinsulaner unter der Bezeichnung Polynesier zusammen. Andererseits fiel schon Forster der starke, kulturelle und sprachliche, wie auch anthropologische Unterschied zwischen den genannten Eingeborenen und denen der Neuen Hebriden und Neukaledonien auf. Wir haben es hier in der Tat mit einer ganz andern Rasse zu tun, den Melanesiern, die jedoch in dem von Forster besuchten Gebiete von polynesischen Elementen stark durchsetzt sind, eine Feststellung, die Forster ebenfalls schon gemacht hat.

    Über diese vergleichenden Betrachtungen hinaus versuchte Georg Forster der Entstehung und Entwicklung der von ihm beobachteten Sitten und Gebräuche näherzukommen. Dabei ergeben sich mehrfach anthropogeographische wie völkerpsychologische Betrachtungen, die sich ungezwungen dem Gedankengang der heutigen wissenschaftlichen Sprache anschließen; sie entstammen zum Teil wohl auch dem Gedankenschatz Johann Reinhold Forsters.

    Am Schluß folgt ein erklärendes Verzeichnis geographischer Namen.

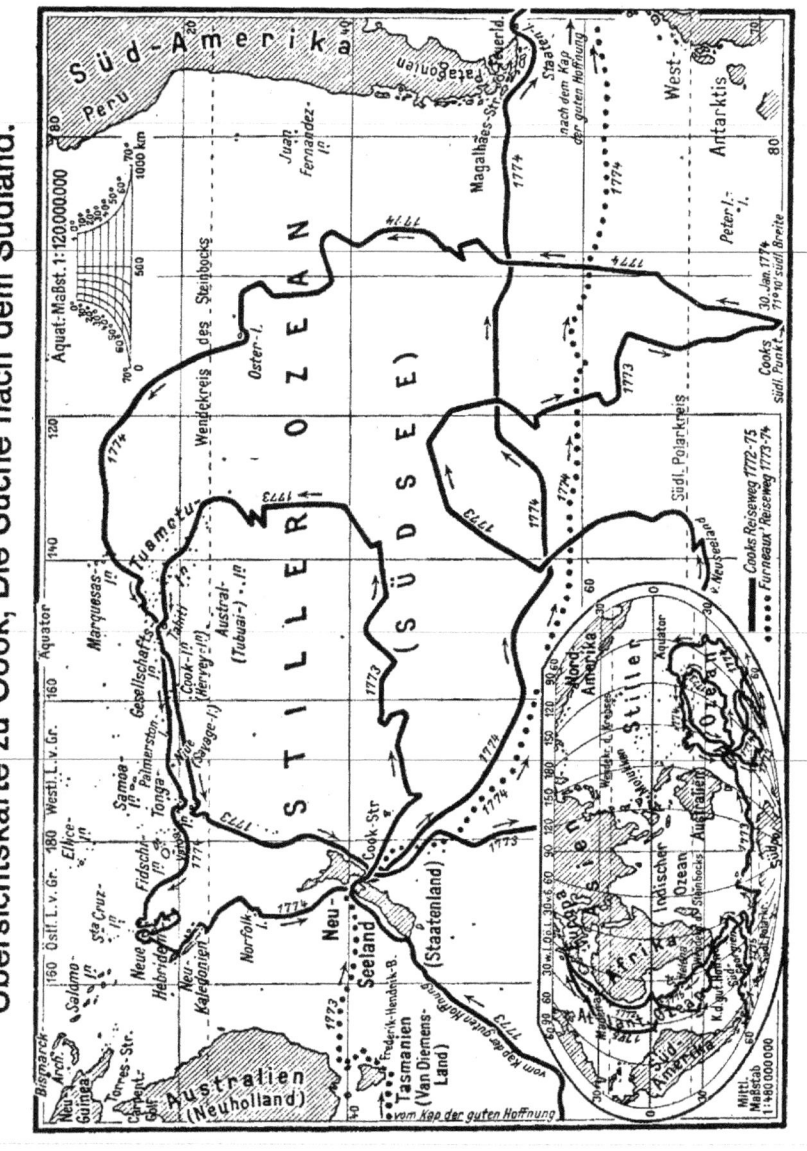

1. Ankunft in Neuseeland.

Am Montag früh, den 13. Juli 1772, segelte unser Schiff, die „Resolution", in Begleitung der „Adventure" von Plymouth ab. Die Fahrt ging am Kap Finisterre vorüber, an der Küste Spaniens entlang nach Madeira. Hier nahmen wir einen längeren Aufenthalt und genossen die Schönheiten dieses irdischen Paradieses.

Viele Eigentümlichkeiten lernten wir hier kennen. So verwenden die Bewohner als Transportmittel statt Wagen Schlitten; diese bestehen aus zwei durch Querhölzer verbundenen Brettern, die nach vorn spitz zulaufen. Weinfässer und andere schwere Güter werden auf diesen Schlitten von Ochsen gezogen. Eigentümlich ist auch die Art des Dreschens. Sie machen ihre Dreschtennen kreisrund und legen sie in einer Ecke ihres Feldes an. Der Boden wird an dieser Stelle gereinigt und festgestampft. Die Garben werden darauf rundherum geschichtet, und ein viereckiges Brett, das unten mit scharfen Feuersteinen besetzt ist, wird durch ein Paar Ochsen darüber gezogen. Um das Brett schwerer zu machen, stellt sich der Ochsentreiber oben darauf. Dadurch wird das Stroh zu Häckerling zerrissen und das Korn gleichzeitig aus den Ähren gebracht.

Am 1. August gingen wir wieder unter Segel. Über die Kanarischen und Kapverdischen Inseln fuhren wir südöstlich der Guineaküste in Richtung der Tafelbai, die wir am 29. frühmorgens sichteten. Kaum war es Nacht geworden, als sich uns ein wundersames Schauspiel darbot. Der ganze Ozean, jede brechende Welle leuchtet in hellem Glanz. Als Urheber dieses Naturwunders stellten wir unter dem Mikroskop kleine, kugelförmige, gallertartige Lebewesen fest. Nur schwer konnten wir uns von diesem wunderbaren Anblick des „Meeresleuchtens" trennen. Am nächsten Morgen liefen wir in die Tafelbai ein. Durch Zufall lernten wir hier einen Schüler Linnés kennen, den Gelehrten Dr. Sparrmann. Wir bewogen ihn, an unserer Weltreise teilzunehmen, worin er auch ohne Zaudern einwilligte.

Mit den Eingeborenen des Landes, den Hottentotten und

Buschmännern, kamen wir nur vereinzelt zusammen. Sie werden von den Kolonisten zur Bestellung der Vieh- und Feldwirtschaft verwendet. Die Hottentotten haben sich immer mehr in das Innere des Landes zurückgezogen, treiben aber zuweilen ihr Vieh oder das der Farmer auf den Markt. Ausführliche Nachrichten über dieses interessante Volk finden sich bei Peter Kolb, der immer noch der beste Geschichtsschreiber des Kaps ist. [Siehe Band 4 der Sammlung „Alte Reisen und Abenteuer".]

Am 22. November verließen wir die Tafelbai und hatten bereits auf unserer Ausfahrt mit einer schweren See zu kämpfen. Unsern Kurs richteten wir nach Süden in Breiten, die vor uns noch kein Mensch aufgesucht hatte. Das stürmische Wetter hielt unentwegt an, und als dann die See sich mehr und mehr beruhigte, nahm die Kälte von Tag zu Tag zu. Es dauerte auch nicht lange, so trafen wir auf das erste Treibeis. Die Fahrt war dank der vortrefflichen Fürsorge des Kapitäns für die Teilnehmer bisher gut verlaufen. Wir hatten nur zwei bis drei Skorbutkranke an Bord, eine Behandlung mit frischer Maische [ausgequetschter gekeimter Gerste] ließ sie jedoch bald wieder gesunden.

Wir waren bereits bis 67° 15' südlicher Breite vorgedrungen, ohne auf Land zu stoßen. Der Kapitän befahl gegen Nordost zu steuern. In einem dicken Nebel verloren wir dabei unser Begleitschiff, die „Adventure", und mußten in diesen hohen südlichen Breiten die Fahrt allein fortsetzen. Das Klima bekam weder den von uns mitgenommenen Schafen und Ziegen noch den Menschen gut, wir hatten von neuem Skorbutkranke; zwar genasen diese bald, wir sahen uns aber doch veranlaßt, freundlichere Regionen aufzusuchen.

Am 25. März 1773 erblickten wir nach viermonatiger Fahrt wieder Anzeichen von Land. Es war die vom Kap West südwärts gelegene äußerste Spitze von Neuseeland, die Kapitän Cook auf seiner ersten Weltreise noch nicht untersucht hatte. Am 26. März fuhren wir in die bereits 1769 von Cook entdeckte Duskybai ein. Die mit mit Wäldern gekrönten Felsen wurden von rauschenden, wilden Bächen durchschnitten. Wasservögel sah man allenthalben das Bild beleben. Cook entschloß sich, diesen früher von ihm nur flüchtig berührten Ort genauer zu untersuchen, und lief zu diesem Zweck in einen günstigen Hafen ein, dem er den Namen Pickersgillhafen beilegte.

Wir waren noch nicht zwei Tage in der Bai gewesen, so wurden wir bereits gewahr, daß sie nicht unbewohnt sei. Einige unserer Offiziere hatten auf der Jagd in einer kleinen Bucht einige Eingeborene gesehen, die ein Boot zu Wasser lassen wollten. Da diese Neuseeländer bei ihrer Annäherung laut zu rufen begannen und da man sie ihren Stimmen nach für zahlreicher hielt, gingen die Offiziere wieder an Bord und benachrichtigten den Kapitän von diesem Zusammentreffen. Kaum waren die Offiziere an Bord zurück, so ließ sich neben einer Landzunge wieder ein Kanu mit 7 bis 8 Leuten sehen. Trotz Zurufen, Aushängen von weißen Tüchern und Vorzeigen von Glasperlen u. dgl. kamen sie nicht heran, sondern ruderten wieder zurück.

Cook fuhr nun selbst an Land und fand hier ein Doppelboot, das unweit einiger alter, niedriger Hütten auf den Strand gezogen war. Auch sah man einige Herdstellen, Fischnetze und Fische umherliegen. Das Kanu war alt und in schlechtem Zustand. Es bestand aus zwei Booten, die in der Mitte durch Querhölzer verbunden und mit Stricken aus der neuseeländischen Flachspflanze zusammengebunden waren. Ein jedes dieser beiden Boote war aus Planken verfertigt, die mit Schnüren aneinandergebunden und am Bug durch ein grobgeschnitzes Menschengesicht verziert waren. Statt der Augen waren kleine Stücke von perlmutterartigen Seeohrschnecken eingesetzt. In diesem Kanu fanden wir zwei breite Ruder, einen Korb voll Beeren des Gerberstrauchs und einige Fische. Die Leute waren allem Anschein nach in den Wald geflüchtet; um uns ihr Zutrauen zu erwerben, legten wir ihnen einige Schaumünzen, Glasperlen, Spiegel u.a.m. hin. Dazu fügten wir ein Beil und, damit ihnen der Gebrauch begreiflich gemacht wurde, hieben wir einige Späne von einem Baume ab und ließen das Beil dann im Stamm stecken. Am Abend fanden wir uns wieder auf dem Schiff ein.

Am 6. April fuhr der Kapitän mit meinem Vater, mir und einigen andern Herren nach der Nordseite der Bucht. Das Ufer war hier sehr steil, und verschiedene Wasserfälle stürzten aus bedeutender Höhe herab. Auf dem Rückweg kamen wir an einer Insel vorüber, die eine weit vorragende Landzunge besaß. Hier hörten wir einen Menschen laut rufen. Da dies nur ein Eingeborener sein konnte, so nannten wir diese Insel Indianerinsel. Schließlich entdeckten wir auch den Mann, er stand mit einer Keule bewaffnet auf der Felsenspitze. Am Waldesrand erblickten wir zwei Frauen, deren jede einen Spieß in der Hand hielt. Trotz unserer freundschaftlichen Zurufe rührte sich der Mann nicht vom Platze, er hielt uns vielmehr eine lange Rede, die er an verschiedenen Stellen mit großem Nachdruck aussprach, wobei er zugleich die Keule über dem Kopf schwenkte. Der Kapitän stieg schließlich an Land, in der Hand etliche Bogen weißes Papier. Als er dem Wilden dieses Freundschaftszeichen darbot, zitterte der gute Kerl sichtlich am ganzen Körper. Der Kapitän umarmte ihn, indem er des Wilden Nase mit der seinen berührte, eine Begrüßungsart, wie sie unter den Neuseeländern üblich ist. Nun war von ihm alle Furcht geschwunden; er rief seine beiden Weiber herbei, und bald entspann sich eine Unterredung. Da aber keiner in des andern Sprache hinreichend erfahren war, verstand niemand etwas Rechtes davon.

Diese Leute waren alle olivenfarbig oder dunkelbraun, hatten schwarzes, lockiges Haar, das mit Öl und Rötel eingeschmiert war. Der Mann trug es oben auf dem Wirbel in einem Schopf zusammengebunden, bei den Weibern aber war es kurz abgeschnitten. Den Oberteil des Körpers fanden wir wohlgebildet, die Beine hingegen außerordentlich dünn, übel gestaltet und krumm. Ihre Kleidung bestand aus Matten von neuseeländischem Flachs und war mit Federn durchwebt. In den Ohren trugen sie kleine Stücke von Albatrosbalg, die mit Ocker gefärbt waren. Die hereinbrechende Nacht zwang uns, von unsern neuen Freunden Abschied zu nehmen. Am folgenden Morgen kehrten wir in die Bucht zurück und brachten den Eingeborenen allerhand Sachen mit. Der Mann bewies bei dieser Gelegenheit eine rasche

Auffassungsgabe und Beurteilungskraft, die wir später unter den meisten Südseebewohnern nur selten angetroffen haben. Bei diesem Besuch machte uns unser brauner Freund mit seiner ganzen Familie bekannt. Sie bestand aus zwei Frauen, die wir für seine Weiber hielten, einem Knaben und einem jungen Mädchen, sowie drei kleinen Kindern. Sie führten uns bald nach ihrer Wohnung, die nur wenige Schritt weit im Walde auf einem kleinen Hügel lag und aus zwei schlechten Hütten bestand. Diese waren aus etlichen aneinandergelehnten Stangen aufgebaut und mit trockenen Blättern der Flachspflanze zugedeckt, darüber hatten sie Baumrinden gelegt. Ihre Waffen bestanden in Speeren und Streitäxten, von denen wir einige zum Geschenk erhielten. Zum Abschied schenkte der Mann dem Kapitän ein Kleidungsstück aus Flachs, einen Gürtel, der aus Gras geflochten war, einige korallenförmig aufgereihte Kügelchen, die aus kleinen Vogelknochen gemacht waren, und verschiedenen Albatrosbälge.

Als wir am nächsten Tag die Eingeborenen wieder besuchten, hatten sie sich festlich geschmückt. Ihre Haare waren mit Öl oder Fett eingeschmiert, auf dem Scheitel zusammengebunden und oben mit weißen Federn geschmückt. Einige trugen Federn an einer Schnur aufgereiht und um die Stirn gebunden, andere hatten in den Ohren Stücke von Albatrosbalg, auf dem noch die weißen Daunen saßen. Der Kapitän schenkte dem Mann einen roten Mantel, worüber sich dieser so sehr freute, daß er sogleich eine Pattu-Pattu, eine flache Streitart aus Fischknochen, aus seinem Gürtel zog und dem Kapitän zum Gegengeschenk machte. [Pattu ist die allgemeine Bezeichnung für jede Schlagwaffe. In diesem Fall handelt es sich um die besondere Form einer Mere-Keule]. Um mit ihm ein Gespräch eingehen zu können, hatten wir einen Korporal vom Schiff mitgebracht, der in der Sprache von Tahiti am besten Bescheid wußte, und sich – da ja zwischen dieser und der Sprache von Neuseeland nur ein geringer Unterschied wie zwischen zwei Dialekten besteht – mit den Eingeborenen verständigen sollte. Allein es gelang nicht, weil diese Familie eine besonders harte und unverständliche Aussprache hatte. Wir kehrten also zu unserm

Schiff zurück und benutzten die nächsten Tage zu botanischen und zoologischen Untersuchungen dieses südlichen Teiles von Neuseeland, den die Eingeborenen Tamai-poe-namu nennen.

Aus dem angekündigten Besuch unserer neuen Freunde war nichts geworden, denn sie hatten sich untereinander gezankt. Der Mann schlug die beiden Frauen, und das Mädchen schlug ihn. Wenn die Frauen seine Weiber waren und das Mädchen seine Tochter, dann muß man sagen, daß weder die Eltern noch die Kinder ihre Pflichten gegeneinander kennen, sondern in allen ihren Handlungen der Stimme der Natur folgen, die sich gegen jede Art von Unterdrückung empört. Am Morgen schickte der Mann die beiden Weiber mit den Kindern im Kanu auf Fischfang aus, während er mit seiner Tochter an Bord kam. Dem Kapitän und meinem Vater schenkte der Eingeborene, nachdem er sie wie gewöhnlich durch Berühren der Nase begrüßt hatte, ein Stück Zeug, das aus Fasern der Flachspflanze geflochten und mit Papageifedern durchwebt war; außerdem händigte er noch eine aus Nephrit hergestellte, schöngeschliffene Beilklinge aus. Ehe er einen Fuß auf die Schiffsbrücke setzte, trat er seitwärts, steckte ein Stück von einem Vogelbalg, an dem noch die weißen Flaumfedern saßen, in das eine Ohr und brach von einem Busch einen grünen Zweig ab. Mit diesem in der Hand ging er vorwärts, stand aber still, als er bis in die Reichweite der Schiffswände gekommen war. Mit dem grünen Zweig schlug er nun mehrere Male an die Planken und das Tauwerk, wozu er gleichsam im Takte, wie nach einem poetischen Silbenmaß, eine Art von Anrede oder Beschwörungsformel hersagte. Dabei hielt er die Augen immer unverrückt auf die Stelle gerichtet, die er vorher mit dem Zweige berührt hatte. Er redete auch lauter als gewöhnlich, und sein ganzes Benehmen war ernst und feierlich. Bei Beendigung der Rede schlug er an die Seiten des Schiffes, warf seinen Zweig zwischen die Wandketten und stieg erst dann an Bord.

Diese Sitte, feierliche Anreden zu halten, um, wie wir es auslegten, Frieden zu stiften, ist in der ganzen Südsee üblich. Der Mann und das Mädchen, die beide Speere in den Händen hielten, bewunderten an Bord alles, was in ihren Gesichtskreis kam. Die Gänse und Katzen erregten ihre ganze Aufmerksamkeit. Zwar sah der Mann alles Neue mit dem größten Erstaunen an, doch verweilte er nie länger als einen Augenblick bei demselben Gegenstand. Der Kapitän beschenkte die Gäste mit Nägeln und Beilen. Darauf zog der Mann ein kleines ledernes Beutelchen, vermutlich aus Seehundsfell, hervor und steckte die Finger hinein, um dem Kapitän mit Öl oder Fett den Kopf zu salben. Dies Ehre wurde aber verboten, da die Salbe unseren Nasen sehr zuwider war, obgleich sie von unserm braunen Freund für ungemein wohlriechend und als eine köstliche Gabe angesehen wurde. Der Zeichner Hodges kam indessen nicht so gut weg, denn das Mädchen, das einen in Öl getauchten Federbusch an einer Schnur vom Halse herabhängen hatte, bestand darauf, Hodges damit anzuputzen, und aus Höflichkeit gegen ihr Geschlecht konnte er das wohlriechende Geschenk unmöglich von sich weisen. Wir überließen dann die Eingebornen sich selbst und ruderten in zwei Booten dem Lande zu, um unsere Studien und Aufzeichnungen fortzusetzen.

Als wir zurückkehrten, riefen uns zwei Wilde von einem freien Platz aus an. Der Kapitän ließ sogleich dem Lande zurudern und trat unbewaffnet, nur ein Stück weißes Papier in der Hand, auf die Leute zu. Die Eingebornen standen ungefähr hundert Schritt von uns entfernt; sie waren mit Speeren bewaffnet. Als der Kapitän auf sie zuging, faßte sich der eine von den Eingebornen ein Herz, steckte die Lanze in den Boden und ging mit einem Büschel Gras in der Hand auf den Kapitän zu. Ein Ende davon ließ er den Kapitän anfassen, das andere behielt er in den Händen. In dieser Stellung hielt er eine lange feierliche Rede. Nach Beendigung dieser Zeremonie begrüßten sich beide in der landesüblichen Weise durch Aneinanderhalten der Nasen.

Bei dieser Gelegenheit war es besonders auffallend, daß auch diese Nation, wie fast alle Völker der Erde, als hätten sie sich verabredet, die weiße Farbe oder grüne Zweige als Zeichen des Friedens ansehen. Eine so durchgängige Übereinstimmung muß wohl noch vor der allgemeinen Zerstreuung der menschlichen

Gesellschaft getroffen worden sein, wenigstens sieht es einer Verabredung sehr ähnlich; denn an und für sich haben weder die weiße Farbe noch grüne Zweige eine unmittelbare Beziehung zu dem Begriff Freundschaft.

Soviel wir sahen, hatten die Eingebornen keine Kanus, sondern nur einige in Form von Flößen zusammengebundene Stückchen Holz, die vollkommen dazu hinreichten, über die Flüsse zu setzen. Fische, Federwild und Wildbret gab es in großem Überfluß, so daß sie gar nicht weit zu gehen brauchten, zumal ihre Gesamtzahl höchstens drei Familien betragen mochte. Da außer einer einzigen Familie weiter keine Einwohner in der Duskybai sind, haben sie auch keine Überfälle fremder Nachbarn zu befürchten, haben also auch keine schnellen Fahrzeuge für eine Flucht nötig.

Die Gesichtsbildung dieser Leute dünkte uns etwas wild, jedoch nicht häßlich. Sie hatten dickes Haar und schwarze krause Bärte. Sonst waren sie aber sowohl in ihrer mahagonibraunen Gesichtsfarbe als auch in der Bekleidung und in ihrem Betragen jener Familie auf der Indianerinsel völlig ähnlich. Sie waren mittlerer Statur und hatten dünne Schenkel und Beine, während die Knie verhältnismäßig dick waren.

Bei der Menge der Inseln und Buchten, die mit dichten Waldungen bewachsen sind, wäre es uns unmöglich gewesen, die Eingebornen ausfindig zu machen, wenn sie sich nicht selbst gezeigt hätten. Auch würden wir diese Bucht verlassen haben, ohne zu wissen, daß sie bewohnt sei.

Da die Duskybai nur wenig bewohnt ist, führen hier die einzelnen Familien wahrscheinlich ein unstetes, nomadisches Leben und ziehen vielleicht der Fischerei wegen, vielleicht anderer Umstände halber in den verschiedenen Jahreszeiten aus einer Gegend nach der andern. Das mag erklären, warum die Eingebornen, die wir durch zahlreiche Geschenke an uns zu ketten geglaubt hatten, aus der Bucht verschwunden waren.

Vom Kap der Guten Hoffnung hatten wir noch fünf lebende Gänse an Bord, die wir auf Neuseeland lassen wollten. Dazu dünkte uns diese Bucht am bequemsten, denn es gab dort keine Einwohner, aber reichlich Futter. Wir setzten sie also an Land und sprachen zum Besten künftiger Seefahrer und der Neuseeländer den Wunsch aus: Seid fruchtbar und mehret euch und füllet die Erde!" - Während der nächsten Tage regnete es fortwährend, und wir entschlossen uns, die Bucht zu verlassen. Am 29. April hoben wir den Anker, kamen aber infolge plötzlich eintretender Windstille nicht aus der Bucht heraus und mußten vor einer Insel ankern, die wir Longinsel nannten. Hier trafen wir zwei Hütten und Feuerstellen an, woraus man entnehmen konnte, daß der Ort vor kurzem noch bewohnt gewesen war. Der Wind schlug jedoch bald zu unsern Gunsten um, und so segelten wir nach sechs Wochen und vier Tagen langem Aufenthalt in der Duskybai gegen Norden ab.

2. Aufenthalt im Charlottesund.

Am 16. Mai morgens 5 Uhr liefen wir in den Charlottesund ein. Nach wenigen Stunden sah man es von der Südspitze von Wotu Aro her dreimal aufblitzen. Es war die „Adventure", die wir hier wieder trafen. Kaum war der Anker gefallen, so erschien auch schon Kapitän Furneaux an Bord, um von seinen Erlebnissen zu berichten.

Die „Adventure" war, nachdem sie uns aus dem Gesicht verloren hatte, nach Nordosten in Richtung auf Vandiemensland gesegelt. Am 9. März umfuhr Furneaux das Südende dieses südlichen Ausläufers von Neuholland. Er ankerte in einer Bai, die er nach seinem Schiff Adventurebai nannte. Wahrscheinlich handelt es sich um dieselbe Bucht, die Tasman anlief und Friedrich-Henrichs-Bai nannte. Hier blieb Furneaux fünf Tage, um frisches Wasser einzunehmen. Nirgends sahen sie Einwohner, sie glaubten aber, tief im Lande Rauch wahrzunehmen. Hierauf segelten sie längs der Küste nach Norden und gelangten u.a. an eine kleine Bucht, die wegen verschiedener ohne Zweifel von den Wilden angezündeter Feuer den Namen der Feuerbai bekam. Als Furneaux auf seiner Fahrt entlang der Küste das Land sich immer weiter nach Norden erstrecken sah, glaubte er annehmen zu müssen, daß Vandiemensland mit Neuholland zusammenhänge, er fuhr deshalb nach Nordosten auf Neuseeland zu, um den verabredeten Ankerplatz aufzusuchen. Am 7. Mai kam die „Adventure" im Charlottesund an. Sie fanden die auf der Südspitze von Wotu Aro gelegene Festung oder Hippah der Einwohner verlassen. Es dauerte aber nicht lange, so kam eine große Zahl von Eingebornen, mit denen sich ein lebhafter Handel entspann.

Der Plan des Kapitän Cook ging dahin, sobald als möglich mit den beiden Schiffen nach den Gesellschaftsinseln zu fahren, wo er gute Erfrischung vorzufinden hoffte. - An einem schönen Nachmittag besuchten wir das Hippah. Es lag auf einem steilen freistehenden Felsen und war nur von einer Seite vermittelst eines unbequemen Fußsteiges zugänglich, auf welchem kaum zwei Mann nebeneinander gehen konnten. Der Gipfel war ehedem mit Palisaden umgeben gewesen, die Matrosen hatten diese aber meistenteils schon ausgerissen und zu Brennholz verbraucht. Innerhalb dieser Schutzwehr standen Hütten ohne Ordnung durcheinander; sie waren ohne Seitenwände aufgeführt, das ganze Haus bestand nur aus einem Dache, das oben in eine scharfe Spitze zusammenlief. Die innere Seite war mit Baumzweigen wie eine Hürde ausgeflochten, dann mit Baumrinde und von außen mit den stärksten Fasern der hiesigen Flachspflanze gedeckt worden. Derartige feste Plätze scheinen nach meiner Ansicht nur auf kurze Zeit als Wohnung zu dienen, und zwar so lange, als man in Gefahr vor den Feinden ist. Hier haben wir jetzt einige Stücke Land mit Gartensämereien bepflanzt. In dieser Gegend fanden wir auch den grünen Talkstein oder Nephrit, der von den Einwohnern zu Werkzeugen verwendet wird.

Am 23. Mai kamen zwei kleine Kanus mit fünf Insassen auf uns zu. Sie waren ungefähr von derselben Art wie die Leute in der Duskybai. Als wir am folgenden Morgen nach der Nordseite des Sundes fuhren, trafen wir unterwegs ein Doppelboot, das mit 13 Mann besetzt war. Auch am folgenden Morgen hatten wir verschiedene Kanus um uns her, in denen zusammen etwa 30 Eingeborne sein mochten. Sie brachten allerhand Werkzeuge und Waffen und bekamen eine Menge anderer Sachen dagegen. Es befanden sich auch einige Weiber unter ihnen; diese hatten sich die Backen mit Rötel und Öl geschminkt, die Lippen sahen dagegen vom Tätowieren [richtiger Tatauieren] ganz schwarzblau aus. Sie hatten wie die Leute in der Duskybai fast durchgängig dünne krumme Beine und dicke Knie. Das rührte ohne Zweifel davon her, da sie diese wenig gebrauchen, weil sie einesteils am Lande die meiste Zeit untätig liegen, andernteils aber in den Kanus stets mit untergeschlagenen Beinen zu sitzen pflegen. Sie waren von ziemlich heller Hautfarbe, die ungefähr zwischen oliven- und mahagonibraun schwankte. Dazu hatten sie pechschwarze Haare, runde Gesichter mit lebhaften schwarzen Augen und mehr dicke als platte Nasen. Der Oberkörper war sehr wohlgebildet.

Die Männer verkauften für einen Nagel oder für ein Hemd ihre Frauen an unsere Matrosen, was die Weiber allerdings nur mit äußerstem Widerwillen zugaben. Ihre Begriffe von Keuschheit sind in dieser Beziehung so sehr von den unsrigen verschieden, daß ein unverheiratetes Mädchen viele Liebhaber begünstigen kann, ohne dadurch im mindesten an seiner Ehre zu leiden. Sobald es aber heiratet, wird von ihm die unverbrüchliche Beobachtung ehelicher Treue verlangt. Da sie auf die Enthaltsamkeit unverheirateter Frauen keinen Wert legen, könnte man leicht denken, daß die Bekanntschaft mit ausschweifenden Europäern den moralischen Charakter dieses Volkes verschlimmert habe. Allein wir haben alle Ursache, zu vermuten, daß sich die Neuseeländer zu einem solchen schändlichen Mädchenhandel erst erniedrigt haben, seitdem mit der Einführung des Eisengerätes neue Bedürfnisse entstanden.

Unser Maler Hodges zeichnete einige der Leute, deren dickgewachsenes Haar über das Gesicht hinabhing und ihnen ein wildes Aussehen gab. Ihre Kleidung bestand aus den Fasern der Flachspflanze, die zusammengeflochten waren. An Stelle des sonst üblichen Federbesatzes war der Mantel an den vier Ecken mit Hundefellstücken besetzt, ein Schmuck, den man in der Duskybai nicht antraf, weil es dort keine Hunde gibt. Außerdem trugen die Leute wegen des kühlen Wetters fast beständig ihren Boghi-Boghi, einen rauhen Mantel, der als ein Bündel zusammengewundenes Stroh vom Hals über die Schultern herabhing. [Vermutlich handelt es sich um die mit Pakipaki bezeichneten Matten, die als Kleidungsstück getragen werden. Sie haben eine verzierte Borte, von der die ganze Matte ihren Namen hat.] Die Männer hatten das Haar nachlässig um den Kopf hängen, während die Frauen es kurz abgeschnitten trugen. Alle diese Neuseeländer verbreiteten einen widerlichen Gestank und saßen außerdem voll Ungeziefer, das sie des öfteren zwischen den Zähnen zerknackten. Auf dem Kopf trugen sie eine Mütze aus braunen Federn. Als sie längere Zeit an Bord waren, fingen sie an zu stehlen, weshalb sie der Kapitän von Bord jagte.

Am 1. Juni kamen in der Frühe verschiedene Kanus mit Wilden zu uns, die wir noch nie gesehen hatten. Ihre Fahrzeuge waren von verschiedener Größe und drei derselben mit Segeln versehen, die man sonst nicht eben häufig unter ihnen antrifft. Das Segel bestand aus einer großen dreieckigen Matte und war auf einer Seite an dem Mast, auf der andern an einer Stange befestigt, die beide unten in einem scharfen Winkel zusammenstießen und sehr leicht losgemacht und niedergelassen werden konnten. Das obere oder breitere Segelteil war an dem Saum mit fünf braunen Federbüschen verziert. Der Boden der Kanus bestand aus einem ausgehöhlten Baumstamm, die Seiten aber aus Brettern und Planken. Von diesen hatten sie immer nur eine auf die andere gesetzt, die durch Flachsschnüre fest zusammengebunden und deren Spalten mit den wollhaarigen Blüten des Rohrkolbens dicht verstopft waren. Unter diesen Kanus gab es einige doppelte, d.h. zwei Kanus waren mit Querhölzern und Stricken aneinander befestigt. Die übrigen hatten nur einen Ausleger oder ein schmales Brett, das an einer Seite des Kanus an Querhölzer parallel mit dem Fahrzeug befestigt war, die es vor dem allzu leichten Umschlagen sichern sollten. Alle diese Kanus waren alt und schienen beinahe ausgedient zu haben, auch war keines von ihnen so reich mit Schnitzereien geziert, als wie sie Cook bei seiner ersten Reise an der Nordinsel angetroffen hatte. Im großen und ganzen waren sie aber ebenso gebaut, hätten durchgehends ein unförmliches geschnitztes Gesicht am Bug, hohe Hecke und spitze Ruder. Die Eigentümer brachten verschiedene Zieraten zum Verkauf. Zum großen Teil waren sie aus Nephrit geschnitzt, einige waren flach und hatten eine scharfe Schneide, es waren Beilklingen, andere waren lang und dünn und dienten als Ohrgehänge, wieder andere waren zu kleinen Meißeln geschliffen und in hölzerne Griffe gefaßt, andere waren in Form hockender Figuren zuweilen in Menschengestalt geschnitzt und mit ungeheuren Augen aus Perlmutter verziert. Dieser Zierat, E-Tighi genannt, wurde von Männern und Frauen an einer auf die Brust herabhängenden Schnur getragen; wir vermuteten, daß er eine religiöse Bedeutung haben müsse. Unter anderem verkauften sie uns eine aus dichtgeflochtenem Zeuge verfertigte Knieschürze, die mit roten Federn besetzt, an den Seiten mit weißem Hundefell verbrämt und mit Stücken der Seeohrschnecke verziert war. Derartige Schürzen sollen die Weiber bei ihren Tänzen tragen. Außerdem handelten wir auch eine Menge Fischangeln ein, die sehr unförmig aus Holz verfertigt waren und an der Spitze einen ausgezackten Knochen – nach ihrer Aussage ein Menschenknochen – trugen. Statt des vorhin erwähnten Tighi trug mancher einen Halsschmuck aus mehreren Schnüren mit daranhängenden Menschenzähnen. Sie führten auch eine Menge Hunde in ihren Kanus mit und schienen viel auf diese Tiere zu halten, denn jeder hatte den eigenen mit einer Schnur um den Leib angebunden. Es war eine langhaarige Art mit spitzen Ohren, einige gefleckt, einige schwarz und andere wieder ganz weiß. Sie werden größtenteils mit Fischen gefüttert; ihr Fleisch muß zur Speise, ihr Fell zu Zieraten und Kleidungsstücken dienen.

Die Neuseeländer wurden in die Kajüte geführt. Einige waren auf dem Gesicht mit tiefeingeritzten Schneckenlinien verziert, diese Merkmale waren besondern bei einem langen starken Mann von mittlerem Alter nach einer ganz regulären Zeichnung an der Stirn, der Nase und dem Kinn so tief in die Haut eingeprägt, daß sein Bart, der sonst sehr dicht gewesen sein müßte, nur aus einzelnen zerstreuten Haaren bestand. Er hieß Tringho-Waya und schien über die andern ein gewisses Ansehen zu haben. Von unsern Waren tauschten sie Hemden und Flaschen am liebsten ein. Aus letzten machten sie sich besonders viel, weil sie wohl zum Aufbewahren von Flüssigkeiten keine andern Gefäße haben als kleine Kalebassen, die nur auf der nördlichen Insel wachsen, aber doch schon hier in Charlottesund bei einigen Leuten zu finden waren. Einige von ihnen gaben uns einen Tanz zum besten. Sie legten ihre zottigen Oberkleider ab und stellten sich in einer Reihe auf. Einer von ihnen stimmte ein Lied an; dabei streckte er abwechselnd die Arme aus und stampfte dazu wie rasend mit den Füßen. Die andern machten alle seine Bewegungen nach und wiederholten von Zeit zu Zeit die letzten Worte seines Gesanges. Die Melodie dieses Liedes war höchst einfach; sie bestand in einer Abwechslung von wenigen Tönen. Als die Sonne sich dem Horizont zu nähern begann, begaben sich unsere braunen Gäste wieder an Land.

Am 4. Juni, wir feierten gerade den Geburtstag unseres Landesherrn, näherte sich unserem Schiff schon sehr früh ein mit 28 Mann besetztes Doppelboot. Zwei schön gewachsene Leute standen aufrecht im Kanu, während die andern alle saßen. Der erstere hatte einen vollkommen schwarz gefärbten Mantel an, der aus dick gewirktem Zeug gemacht und felderweise mit viereckigen Stücken von Hundefell besetzt war. In der Hand hatte er ein grünes Exemplar des neuseeländischen Flachses und ließ nur von Zeit zu Zeit einige Worte von sich hören. Der andere aber hielt eine sehr feierliche Ansprache. Der Kapitän forderte ihn und seine Leute auf, an Bord zu kommen. Alle begrüßten sie uns durch Aneinanderhalten der Nasen. Der Redner, Teiratu mit Namen, und seine Begleiter waren von größerem Körperwuchs, als wir es bisher in Neuseeland gewöhnt waren. Auch ihre Kleidung und ihr Schmuck waren reicher, als er bei den Einwohnern von Charlottesund zu sein pflegte. Sie trugen wegen des beginnenden kühlen Wetters mit Hundepelz gefütterte Mäntel oder solche aus Flachs, von denen einige mit eingewirkten bunten Rändern verziert waren. Die Ränder waren rot, schwarz und weiß, aber stets nach einem so regelrechten Muster gearbeitet, daß man sie für das Werk eines hochkultivierten Volkes hätte halten können.

Diese Kleidung ist eine Art Mantel, der aus einem viereckigen Stück Zeug besteht; die beiden obersten Enden binden die Eingebornen entweder vorn auf Brust mit Bändern oder sie halten sie durch Nadeln aus Knochen, Fischbein oder Nephrit zusammen. In der Mitte des Mantels ist innen ein Gürtel von eingeflochtenem Gras befestigt, der um den Leib gebunden werden kann, so daß der Mantel auf den Hüften fest anliegt, während die unteren Enden bis auf die Knie, manchmal auch bis auf die Waden herabhängen. Das Haar war dem Landesgebrauch entsprechend mitten auf dem Kopf zusammengebunden, mit Fett eingeschmiert und mit weißen Federn besteckt, dazu trugen sie einige große Kämme von Walfischknochen im Haar. Viele von ihnen waren im Gesicht mit schneckenförmigen Linien punktiert [es handelt sich um die Tatauierung] und einige auch mit rotem Ocker und Öl geschminkt. Sie führten einige kleine Kalebassen bei sich, in denen sich das Öl befand, mit dem sie sich einzubalsamieren pflegen. Alle Geräte, die sie bei sich hatten, waren ungemein zierlich geschnitzt. Sie hatten auch einige Musikinstrumente, so z.B. ein großes sogenanntes Tritonshorn, die Schale einer Trompetenschnecke, mit reicher Holzschnitzerei eingefaßt; als Mundstück diente eine künstlich angebrachte Öffnung. Ein schrecklich blökender Ton war alles, was sie daraus hervorbringen konnten. Als Trompete benutzten sie noch 4 Fuß lange, dünne Holzröhren. Dann hatten sie auch eine Flöte bei sich, ein hohles Rohr, das an beiden Seiten offen war; es bestand aus zwei Stücken, die genau aufeinanderpaßten und eine vollkommene Röhre bildeten. [Diese Beschreibung stimmt für die in nebenstehender Figur abgebildete Torino-Flöte. Durch Zuhalten der Öffnungen werden verschiedene Töne erzeugt.

Das Doppelboot, in dem sie gekommen waren, war ungefähr 50 Fuß lang, das Vorder- wie Hinterteil war mit durchbrochen gearbeiteten Schnitzereien versehen. Mit vieler Mühe konnte man daraus einen Menschenkopf erkennen, dessen Augen ein Paar Perlmutterstücke bildeten. Aus dem Rachen hing eine lange Zunge heraus. Diese Figuren bringen sie besonders an Geräten an, die im Krieg benutzt werden. Vermutlich hat die hierzulande bestehende Sitte, den Feind durch Herausstrecken der Zunge zu verhöhnen, zur Herstellung derartiger Fratzen Gelegenheit gegeben. Man sieht sie nämlich nicht nur am Vorderteil ihrer Kriegskanus, sondern auch an den Griffen ihrer Streitäxte; auch tragen sie derartige Figuren an einer Schnur um den Hals, ja sie schnitzen sie sogar an ihre Ruder. Als diese vornehmen Besucher uns verlassen hatten, fuhr der Kapitän mit einigen Offizieren nach der Insel Motu Aro. Hier fanden sie sieben Kanus auf den Strand gezogen, während ungefähr 90 Eingeborene mit dem Bau von Hütten beschäftigt waren. Der Kapitän verteilte vergoldete kupferne Medaillen, die auf der Vorderseite das Brustbild des Königs Georg III. und auf der Rückseite die Bilder der beiden Schiffe „Adventure" und „Resolution" trugen.

Da der Kapitän fürchtete, daß die Eingebornen den auf der Insel angelegten Garten finden und aus Unwissenheit zerstören würden, führte er Teiratu, den er für den vornehmsten und meistgeachteten hielt, selbst hin und zeigte ihm die verschiedenen Pflanzen, besonders die Kartoffeln. Diese schien der Wilde sehr hoch zu schätzen; ohne Zweifel kannte er sie schon, weil ein ähnliches Gewächs, die Batate oder virginische süße Kartoffel, in einigen Gegenden der nördlichen Insel, auf der dieser Mann zu Hause war, vorkommt. Danach begaben wir uns beruhigt auf unser Schiff und lichteten am 8. Juni die Anker mit dem Kurs auf Tahiti.

Am Nachmittag gelangten wir bereits in die nach dem Kapitän benannte Straße, liefen nach Süden und kamen bald in die Südsee. Nun galt es, den Südkontinent aufzusuchen, von dessen Existenz man noch nichts Bestimmtes wußte. Mitten im Winter wollten wir in tiefere Breiten von 40 bis 50 Grad gehen und unsern Lauf nach Osten nehmen. Wir erreichten bald dieselben Breiten wie auf der ersten Reise, mußten aber dann nach Norden segeln, da auf unserm Begleitschiff der Skorbut ausgebrochen war.

Am 11. August erblickten wir eine niedrige Insel, die wir Resolution-Insel nannten, wahrscheinlich hatte sie schon Bougainville gesehen. Sie liegt unter 17° 24' südlicher Breite und 141° 39' westlicher Länge. Kurz darauf trafen wir auf eine ebenso kleine Insel, wir hießen sie Doubtful-Insel. Am folgenden Morgen berührten wir eine kreisrunde Insel mit einem Teich von Seewasser in der Mitte [Es handelt sich um ein Korallenatoll] Die Nordseite der Insel war mit Palmen und Bäumen bestanden, den übrigen Teil der Insel machte nur eine schmale Reihe von niedrigen Felsen aus, über welche die See in einer gewaltigen Brandung hinwegschlug. Cook nannte sie Furneaux-Insel; sie liegt unter 17,5° ' südlicher Breite und 143° 16' westlicher Länge. Am nördlichen Ende der Insel ließ sich mit Hilfe der Ferngläser ein Segelkanu entdecken, das mit 6 oder 7 Leuten bemannt war, davon einer am Bug mit einem Ruder steuerte. Am folgenden Morgen ließen wir rechts von uns eine Insel liegen, die wir Adventure-Insel hießen; sie liegt unter 17° 4' südlicher Breite und 144° 30' westlicher Länge.

Am Nachmittag sahen wir bereits wieder eine Insel gerade vor uns liegen, es mochte die von Cook auf der vorigen Reise entdeckte Chain-Insel sein. Trotzdem diese Atolle einen sehr armseligen Eindruck machten, schienen doch manche bewohnt zu sein.

Früh am 15. August erblickten wir einen hohen Pik mit einer flachen Spitze. Kapitän Wallis, der ihn zuerst entdeckt hatte, nannte ihn Osnabrück-Insel. Auch Bougainville hatte sie gesehen und Pic de la Boudeuse genannt. Einer unserer Offiziere, der an der Reise des Kapitän Wallis teilgenommen hatte, erzählte, daß die Insel in der

Landessprache Mäatea heiße. Schon am nächsten Morgen sahen wir unser ersehntes Ziel, die Insel Tahiti, vor uns liegen.

3. Erforschung von Tahiti.

Unter den Bäumen am Strande konnten wir eine Menge Häuser und Kanus, die auf das Land hinaufgezogen waren, unterscheiden. Sobald die Leute uns bemerkt hatten, eilten sie zu ihren Kanus und fuhren auf uns zu. Ein Kanu kam sehr nahe an uns heran; zwei fast ganz nackte Leute, mit einem Turban auf dem Kopf und einer Schärpe um die Hüften, saßen darin. Sie schwenkten ein großes grünes Blatt in der Luft und riefen: „Tayo, tayo!" Es ist wohl ihr Willkommensgruß. An einer Angelschnur ließen wir Glasperlen und Medaillen zu ihnen hinab, sie hingegen banden einen grünen Pisangzweig daran, der bei ihnen als ein Sinnbild des Friedens gilt. Sie baten uns, diesen sichtbar am Schiff zu befestigen, was auch geschah. Nicht lange dauerte es, so umlagerten uns Hunderte von Kanus, die alle Landesprodukte heranbrachten. In jedem befanden sich ein, zwei, drei, zuweilen auch vier Mann. Sie gaben Kokosnüsse und Pisang, Früchte vom Brotfruchtbaum und andere Gewächse im Tausch gegen kleine Nägel und Glasperlen.

    Die Leute waren ungefähr von unserer Größe, blaß mahagonibraun, hatten schöne schwarze Augen und Haare und trugen ein Stück Zeug von eigener Arbeit um den Leib, ein anderes Stück derselben Art hatten sie als Turban um den Kopf gewickelt. Die Kleidung der Frauen bestand ebenfalls aus einem Stück Zeug, das aber in der Mitte ein Loch hatte, um den Kopf hindurchstecken zu können; vorn und hinten hing es bis über die Knie herab. Darüber trugen sie ein anderes Stück Zeug, das so fein wie Nesseltuch war und etwas unterhalb der Brust auf recht zierliche Weise wie eine Tunika um den Leib geschlagen war, wobei ein Teil davon, zuweilen mit vieler Grazie, über die Schultern hing. Beide Geschlechter waren durch die bereits von andern Reisenden beschriebenen sonderbaren schwarzen Flecke geziert, die aus dem Punktieren der Haut und durch nachheriges Einreiben mit einer schwarzen Farbe in die Stiche entstehen. Bei den gewöhnlichen Leuten waren sie besondern auf den Lenden zu sehen.

    Nicht lange dauerte es, so kamen einige Eingeborne an Bord.

Während wir uns den zahlreichen Gästen widmeten, lief unser Schiff auf eine der vielen Klippen auf. Doch kamen wir bald ohne großen Schaden genommen zu haben wieder los, lavierten aber zur Vorsicht die ganze Nacht hindurch. Diese Klippen sahen wir die ganze Nacht hindurch mit einer Menge von Feuern erleuchtet, bei deren Schein die Eingebornen fischten.

Als wir uns am folgenden Morgen von neuem der Küste näherten, sahen wir uns bald von einer Menge Kanus umgeben. Oft schlugen die leichten Fahrzeuge um, doch war das kein großes Unglück für die Insassen, denn Männer wie Frauen sind vortreffliche Schwimmer und wußten ihre Kanus mit großer Geschwindigkeit wieder umzukehren.

Um 11 fuhr ankerten wir in einem kleinen Hafen O Aitepieha der am nördlichen Ende der südlichen Halbinsel von Tahiti liegt, die in der Landessprache Teiarrabu heißt. Jetzt kamen die Eingebornen in Scharen zu uns, denn alle waren auf unsere Nägel und Glasperlen erpicht. Zum Teil kamen die Verkäufer auch auf das Verdeck und nahmen die Gelegenheit wahr, allerlei Kleinigkeiten wegzustehlen. Erst Peitschenhiebe konnten diese Betrüger von Bord jagen.

Am Nachmittag gingen die Kapitäne mit einigen andern Herren an Land, um den Erih oder König O-Aheatua aufzusuchen. Während dieser Zeit war das Schiff wieder von Eingebornen überlaufen, die Nahrungsmittel in reicher Menge verkauften. Viele Angehörige des weiblichen Geschlechts gaben sich dabei ohne Schwierigkeiten den Wünschen der Matrosen preis; dabei mochten einige von ihnen kaum 9 bis 10 Jahre alt sein. Einer unserer Offiziere wollte einem Knaben von ungefähr 6 Jahren eine Korallenkette ins Boot hinabwerfen. Der Wurf ging aber fehl und fiel ins Wasser. Der Junge besann sich aber nicht lange, tauchte hinab und brachte die Korallen wieder herauf. Das bewog mehrere Männer und Frauen, uns ihre Geschicklichkeit im Tauchen zu zeigen; sie holten nicht nur kleine Korallen, sondern auch die schweren, rasch sinkenden Nägel aus der Tiefe. Mitunter blieben sie außerordentlich lange unter Wasser.

Der Kapitän hatte den König nicht angetroffen, und diese Zeit hatte die Gesellschaft durch einen Spaziergang längs der Küste nach

Osten ausgenutzt. Dabei diente ihnen ein Eingeborner als Führer. Der Kapitän und seine Begleiter folgten ihm auf eine unbebaute Landspitze, die sich sich ins Meer hinaus erstreckt. Der Platz war mit wildaufgeschossenen Pflanzen und Stauden bewachsen. Als sie sich durch dieses Buschwerk hindurchgearbeitet hatten, stand ein pyramidenförmiges Steingebäude vor ihnen, dessen Fuß vorn ungefähr 20 Schritt (60 Fuß) breit sein mochte. Ihr Begleiter sagte ihnen, es sei eine Grabstätte des jetzigen Königs von Teiarrabu, er nannte sie Marai no Aheatua. Das ganze Gebäude war aus mehreren Terrassen aufgebaut, die aber gegen die Landseite hin ziemlich verfallen und von Gras überwuchert waren. Rund um das Gebäude standen 15 dünne, fast senkrecht in die Erde gesteckte hölzerne Pfosten, die zum Teil 18 Fuß lang sein mochten und an denen 6-8 kleine, teils männliche, teils weibliche Menschenfiguren eingeschnitten waren. Eine Figur stand über der andern, und zwar so, daß die oberste stets eine männliche war. Durchgehends hatten sie das Gesicht gegen die See hingekehrt; dieses sah den geschnitzten Menschengesichtern ähnlich, die an dem Bug ihrer Kanus angebracht sind und die E-tihi oder E-tie genannt werden. Etwas abseits von dem Marai stand eine Art Strohdach auf vier Pfosten, vor diesem eine Verzäunung von Latten, die mit Pisangfrüchten und Kokosnüssen für die Gottheit behangen war.

    Die Wohnungen der Insulaner lagen einzeln, jedoch ziemlich dicht nebeneinander im Schatten der Brotfruchtbäume auf der Ebene umher und waren mit manchen wohlriechenden Stauden, wie z.B. Gardenia, Guettarda und Calophyllum, umpflanzt. Ihre einfache Bauart und Reinlichkeit stimmte mit der kunstlosen Schönheit des umgebenden Waldes überaus gut zusammen. Sie bestanden meistens nur aus einem Dach, das auf einigen Pfosten ruhte und an allen Seiten offen und ohne Wände zu sein pflegte. Die Wände sind auch bei dem vortrefflichen Klima des Landes vollkommen zu entbehren, denn Tau und Regen, gegen die Schutz nötig wäre, werden in den meisten Fällen durch ein bloßes Dach genügend abgehalten. Statt der Ziegel liefert ihnen der Pandanusbaum seine breiten Blätter, und die Pfosten werden aus dem Stamm des Brotfruchtbaumes gemacht. Doch gab es auch einige Wohnungen, die mit einer Art von geflochtenen Rohrhürden abgeschlossen waren. In diesem Wandwerk war eine Öffnung als Tür freigelassen; sie konnte mit einem Brett geschlossen werden. Sehr häufig traf man bei den Häusern zahme grüne rotgefleckte Papageien an. Die Eingebornen schienen sie wegen der roten Federn zu halten. Um die Häuser fanden wir auch häufig eine Menge Pisang, Jams und Kolokasia angepflanzt. Bald gelangten wir an ein mit Rohrwänden versehenes Haus, das dem Aheatua gehören sollte. Wir fanden hier ein Schwein und einige Hühner, die ersten, die wir sahen. Die Eingebornen hatten sie bisher vor uns sorgfältig verborgen und unter dem Vorwand, daß diese Tiere dem Könige gehörten, nie verkaufen wollen.

Als wir wieder einmal einen Ausflug unternahmen und bei dieser Gelegenheit in den Wald gingen, hörten wir ein Klopfen, als ob Zimmerleute arbeiteten. Wir gingen der Sache nach und gelangten an einen kleinen Schuppen, unter dem 5-6 Frauen zu beiden Seiten eines langen viereckigen Balkens saßen, auf dem sie die faserige Rinde des Maulbeerbaumes klopften, um Zeug daraus zu machen. [Wird in der einheimischen Sprache „tapa" genannt.] Das Instrument, das sie hierbei benutzten, war ein schmales vierseitiges Stück Holz, worin der Länge nach parallele Furchen eingeschnitten waren, die auf jeder Seite des Hammers tiefer und enger wurden. Sie zeigten uns außerdem eine Art Leimwasser in einer Kokosnußschale, mit welchem sie während des Klopfens die Rinde von Zeit zu Zeit besprengen, um die einzelnen Stücke in eine zusammenhängende Masse zu bringen. Dieser Leim, der, soviel wir verstehen konnten, aus der Rosenpappelpflanze gemacht war, ist bei dieser Arbeit unentbehrlich, weil die Stücken Zeug zuweilen 6-9 Fuß breit und gegen 150 Fuß lang sind und aus kleinen Stücken zusammengeschlagen werden müssen. Es wird nur die Rinde junger Bäume genommen, man trifft deshalb in ihrer Maulbeerbaumpflanzung keinen alten Stamm an. Sobald der Stamm des Baumes einen guten Daumen dick ist, d.h ungefähr zwei Jahre alt ist, werden sie abgehauen. Aus der Wurzel beginnen bereits nach kurzer Zeit wieder Sprosse hervorzutreiben. Die Eingebornen suchen die Bäume so gerade und hochstämmig als möglich zu treiben und leiden auch unterhalb der Krone keinen Ast, damit die Rinde desto glatter ist und beim Abschälen recht lange Stücke gibt.

Wir setzten unsern Weg fort. Ein wohl aussehender Mann, an dessen Wohnung wir vorüberkamen, lag im Schatten und lud uns ein, neben ihm auszuruhen. Sobald er sah, daß wir nicht abgeneigt waren, streute er Pisangblätter auf einen mit Steinen gepflasterten Fleck vor dem Haus und setzte einen kleinen aus Brotfruchtbaumholz verfertigten Stuhl für den Vornehmsten von uns hin. Darauf lief er ins Haus, holte eine Menge gebackener Brotfrucht und reichte uns solche auf den Pisangblättern dar. Außerdem brachte er noch einen Mattenkorb voll Vih oder tahitischer Äpfel, die Frucht einer Spondiasart und im Geschmack der Ananas ähnlich. Wir ließen es uns gut schmecken und fanden die tahitische Zubereitung der Speisen, die mittels heißer Steine in der Erde geschieht, besser als unsere Art zu kochen, weil bei jener Zubereitung der Saft beisammenbleibt. Zum Schluß brachte uns der Wirt fünf Kokosnüsse, die er auf eine sehr ungenierte Art öffnete. Er riß nämlich die äußere Hülle mit den Zähnen weg, goß dann den kühlen hellen Saft in die Schale einer reifen Nuß und reichte sie einem jeden von uns der Reihe nach. So uneigennützig und gastfrei hatte uns noch keiner der Eingebornen bewirtet; wir lohnten es dem Mann auch reichlich und schenkten ihm eine Menge Glasperlen. Unsern Weg setzten wir talaufwärts fort. Am Ende des Tales hörten die Hütten und die Pflanzungen der Eingeborenen auf, wir hatten nur Berge vor uns, zu denen ein stark betretener Fußsteig führte. Wir kehrten nunmehr zu unserm Schiff zurück und verbrachten die nächsten Tage mit dem Ordnen unserer Sammlungen.

Am 20. August unternahm ich mit einigen Offizieren einen Ausflug nach der östlichen Landspitze des Hafens. Jenseits eines Baches, den wir überqueren mußten, sahen wir ein großes Gebäude hervorschimmern. Als wir davor ankamen, sahen wir im Gras eine Menge feinsten Zeugs ausgebreitet liegen, das am Fluß gewaschen worden war. Dicht neben dem Haus hing auf einer Stange ein Brustschild von halbkreisförmiger Gestalt, das aus Kokosnußfasern geflochten war; auf der äußeren Seite war es mit drei bogenförmigen

Reihen von Haifischzähnen verziert. Ein Mann nötigte uns, Platz zu nehmen. Er hatte lange Nägel an den Fingern, worauf er sich nicht wenig zugute tat. Ich merkte bald, daß dies ein Ehrenzeichen war, denn nur Leute, die nicht zu arbeiten brauchen, können sich die Fingernägel so lang wachsen lassen. In verschiedenen Winkeln der Hütte saßen hier Männer, dort Frauen beisammen und nahmen voneinander abgesondert ihr Mittagsmahl ein, das in Brotfrucht und Pisang bestand. Es ist hierzulande eine besondere Sitte, daß beide Geschlechter getrennt voneinander essen müssen. Welches die Veranlassung dazu war, konnten wir nicht ermitteln.

Am nächsten Tage machten wir wieder einen Ausflug. Eine kleine Überraschung harrte unser; als wir von gastfreien Leuten in das Haus eingeladen wurden, gab man uns eine Probe der musikalischen Talente dieser Familie zum besten. Einer von den jungen Männern blies mit den Nasenlöchern eine Flöte aus Bambusrohr, die drei Löcher hatte, und ein anderer sang dazu. Die ganze Musik bestand in nichts weiter als in einer einförmigen Abwechslung von drei bis vier verschiedenen Tönen. Eine Spur von Melodie war nicht herauszufinden, ebensowenig wurde ein bestimmter Takt beobachtet.

Unser Weg führte uns weiter nach Südosten an eine kleine Bucht. Rings um uns her waren überall Pflanzungen, und mitten auf einem schönen Grasplatz trafen wir auf ein Marai, das aus drei Reihen übereinandergelegter Steine erbaut war. Jede Stufe mochte ungefähr 3 ½ Fuß hoch sein. Vor dem Marai war an der Landseite eine Mauer von stets übereinandergepackten Steinen aufgeführt, die ungefähr 3 Fuß Höhe hatte, und innerhalb dieser Mauer standen nach dem Gebäude zu drei einsame Kokospalmen nebst verschiedener jungen Keulenbäumen, die mit ihren traurig herabhängenden Zweigen der ganzen Szene ein melancholisches Ansehen gaben. Nicht weit von dem Marai bemerkten wir eine kleine Hütte, Tupapau von den Einwohnern genannt. Unter dieser lag ein toter Körper mit einem Stück weißen Zeug bekleidet, das auf den Seiten in langen Falten herabhing. Daneben stand eine andere Hütte, in der das Opfer für die Gottheit niedergelegt wurde, während an einem dabei ausgerichteten Pfahl ein in Matten eingewickelter Vogel hing. In dieser zuletzt genannten Hütte erblickten wir eine Frau, die uns durch Zeichen weggehen hieß; sie lehnte auch jedes Geschenk, das wir ihr anboten, ab. Durch die uns begleitenden Eingebornen erfuhren wir, daß die Frau mit Trauerzeremonien beschäftigt sei. Auf dem Rückweg kamen wir an einem schönen Haus vorbei, in dem ein sehr fetter Mann ausgestreckt lag; er hatte sein Haupt auf eine hölzerne Kopfbank gelegt. Zwei Bediente waren damit beschäftigt, ihm seinen Nachtisch zu bereiten. Sie zerkleinerten etwas Brotfrucht und Pisang in einem großen hölzernen Trog, mischten dazu etwas von dem gegorenen sauren Teig der Brotfrucht, der Mahie genannt wird, bis alles zum Trinken dünn genug war. Das Instrument, womit sie die verschiedenen Zutaten zusammenrieben, war eine Mörserkeule aus schwarzem poliertem Stein. Währenddessen hatte sich eine Frau hinzugesetzt und stopfte dem Mann von einem großen gebackenen Fisch und von Brotfrüchten jedesmal eine gute Handvoll in den Mund. Das große Vergnügen, das wir an unserm bisherigen Spaziergang gehabt hatten, erlitt durch diesen unerfreulichen Anblick merkliche Einbuße.

Am andern Morgen begaben wir uns an Land, um Aheatua aufzusuchen. Wir gingen den Fluß hinauf und trafen nach einem Stück guten Wegs auf einen großen Haufen von Menschen, die, soviel wir erkennen konnten, ihre Oberkleider hatten herunterfallen lassen, um die Schultern zu entblößen. Mitten unter diesem Haufen trafen wir den Landesherrn an. Er hatte sich auf einen großen aus festem Holz verfertigten Stuhl niedergesetzt, der ihm bis hierher von einem seiner Leute nachgetragen worden war. Aheatua erinnerte sich des Kapitäns sehr wohl und räumte ihm auf seinem Sessel den gleichen Raum ein, während Furneaux und wir andern uns auf großen Steinen niederließen. Sofort drängte sich auch schon der Haufe um uns, und um Luft zu schaffen, mußten des Königs Begleiter oft die Menge mit Stockschlägen zurücktreiben.

Aheatua war der König von O-Tahiti-iti (Klein-Tahiti), sonst Teiarrabu genannt. Er war ein junger Mann von 17 oder 18 Jahren, wohlgebaut und bereits 5 Fuß 6 Zoll hoch. Er war heller von Farbe als alle seine Untertanen und hatte schlichtes langes lichtbraunes Haar, das an den Spitzen ins Rötliche fiel. Seine ganze Kleidung bestand für diesmal nur in einer breiten Schärpe von feinstem weißen Zeug, die von den Hüften bis auf die Knie herabreichte. Der Kopf und der übrige Teil des Leibes waren unbedeckt. Neben dem König saßen einige Befehlshaber und Adlige, die sich durch ihre große und dicke Statur auszeichneten. Diesen Vorzug hat diese Klasse von Leuten ihrer trägen Lebensart und wohlgesetzten Tafel zu verdanken. Einer derselben war auf eine wunderbare Weise tatauiert, wie wir es sonst noch nicht gesehen hatten. Seine Arme, Beine, Schenkel und Seiten waren über und über mit großen, schwarzen Flecken von allerhand Gestalt bedeckt. Dieser Mann hieß E-Tih; er fiel auch wegen seiner ungeheuren Korpulenz auf. Beim König schien er sehr in Ansehen zu stehen, denn dieser fragte ihn stets um Rat. Nach der ersten Begrüßung überreichten wir dem Landesherrn unsere Geschenke, dabei mußten des öfteren des Königs Bediente mit Stockschlägen die Menge zur Ruhe bringen. Wir gingen darauf an Bord und trafen Anstalten zu unserer Abreise. Wir fuhren nach dem nördlichen Teil von Tahiti und der Insel Eimeo. Hier kamen uns schon verschiedene Kanus vom Lande aus entgegen. Ihre langen schmalen Segel, die aus zusammengenähten Matten bestanden, ihre Federwimpel und die trefflichen Kokosnüsse und Pisangfrüchte, die auf den Booten zu Haufen aufgetürmt lagen, gaben der ganzen Szenerie ein malerisches Gepräge.

Am Nachmittag erreichten wir den Distrikt Matawai, eine weite Ebene, an die sich nach dem Innern zu große Wälder anschlossen. Kaum hatten wir die Anker fallen lassen, da wimmelte es auf dem Verdeck auch schon von Eingebornen. Ein vornehmer Mann, Maratata, besuchte mit seiner Frau Erararie den Kapitän. Zum Zeichen der Freundschaft wechselten sie ihre Namen mit den unsrigen.

Der Kapitän war in der Matawaibucht vor allen Dingen deshalb vor Anker gegangen, um seine Schiffe für die weitere Reise mit genügend frischen Nahrungsmitteln zu versehen. Zu diesem Zweck ging er mit einigen Offizieren an Land, um den König dieses Inselteiles, O-Tuh, selbst aufzusuchen. Die Pinasse führte uns an einem der schönsten Distrikte von Tahiti vorbei. Die Ebenen dehnten sich weit hinaus, die Berge hatten sanfte Formen und verloren sich in der Ebene in ziemlich weit hervorragenden gewölbten Spitzen. Das Ufer, das bis an den Strand herab mit Palmen beschattet war, stand voller Menschen. Sie führten uns sofort nach einigen Häusern, die unter Brotfruchtbäumen versteckt lagen, und an einem der größten Häuser trafen wir einen Platz von 20 bis 30 Schritt im Geviert an, der mit einem ungefähr 18 Zoll hohen Gitterwerk von Rohr umzäunt war. Mitten auf diesem Platz saß der König mit kreuzweise übereinandergeschlagenen Beinen auf der Erde. Um ihn her stand ein großer Kreis von Leuten beiderlei Geschlechts, die ihrer Statur, Farbe und Betragen nach zu den Vornehmsten des Landes gehören mußten. O-Tuh mochte ungefähr 24 bis 25 Jahre alt sein. Er war ein großer stattlicher Mann von 6 Fuß 3 Zoll. Sein Bart war wie das Haupthaar lockig und pechschwarz. Seine beiden Brüder mochten etwa 16 und 10 Jahre alt sein, während seine anwesende älteste Schwester in seinem Alter (also 26 Jahre) sein mochte. Trotz ihres königlichen Geblütes war sie nicht von der üblichen Ehrenbezeigung vor dem König, der Entblößung der Schultern, befreit. Der einzige, der dieser Pflicht nicht nachzukommen brauchte, war einer der Hofbedienten des Königs, von denen zwölf der Reihe nach ihrem Herrn aufzuwarten hatten und deren Beschäftigung bei unserm Besuch darin bestand, das Volk zu verprügeln.

Unsere Geschenke, die wir dem König und seinen Begleitern darboten, wurden durch große Stücke rot und gelb gefärbten Zeuges erwidert, die mit dem feinsten wohlriechenden Öl parfümiert waren. - Als wir eben zum Aufbruch rüsten wollten, kam der Vater des Königs, Happai genannt. Es besteht nämlich hierzulande die eigentümliche Sitte, daß der Sohn bereits zu Lebzeiten des Vaters die Regierung übernimmt. Happai mußte wie die andern auch seine Schultern in Gegenwart des Königs entblößen. Trotzdem er nicht mehr die Herrschaft innehatte, wurde er doch vom Volk wegen seines Standes und seiner Geburt geachtet, und auch der König ehrte ihn dadurch, daß er ihm den Distrikt O-Parre zur Verwaltung unterstellt hatte. Erst gegen Mittag kehrten wir wieder an Bord zurück.

Am nächsten Morgen brachte uns der König seine

Gegengeschenke: ein Schwein, etliche bereits zubereitete Fische und eine Menge Körbe mit Pisangfrüchten. Erst nachdem der Kapitän sich mit tahitischem Zeug über und über hatte behängen lassen – er erweckte so den Eindruck einer ungeheuer dicken Figur -, wagte sich O-Tuh an Bord. Auch bei seinem am nächsten Tag sich wiederholenden Besuch kam er erst nach Erledigung dieser Zeremonie aufs Schiff.

Am 29. August gingen wir mit Tagesanbruch an Land, um die Insel näher zu untersuchen. Die meisten Einwohner waren eben aufgestanden und badeten im Matawaifluß, was sie am Morgen stets zuerst tun. In Begleitung eines Trägers und unter Führung eines jungen Burschen brachen wir in die Berge auf. Der Weg war sehr beschwerlich. Bald gelangten wir an einen andern Berg, bei dessen Abstieg wir in ein fruchtbares Tal kamen, durch das ein kleiner Bach dem Meere zufloß. Die Einwohner hatten ihn hin und wieder mit Steinen abgedämmt, um dadurch das Wasser auf die Felder zu bringen, die mit Kolokasien bepflanzt waren. Es gab hier zwei Arten davon, eine mit großen Blättern und großer Wurzelknolle, und eine kleinblättrige mit einer kleineren aber um so wohlschmeckenderen Knolle. Sie brauchen zum Gedeihen einen sehr sumpfigen Boden.

Je weiter wir dem Lauf des Baches folgten, desto enger wurde das Tal; wo aber der Boden nur einigermaßen eben war, da standen überall Kokosnußbäume, Pisang, Maulbeerbäume und mancherlei Wurzelwerk, auch sah man eine Menge nahe aneinandergelegener Häuser. Es war inzwischen 4 Uhr nachmittags geworden, und wir mochten ungefähr fünf englische Meilen gegangen sein. Nach einer erquickenden Rast traten wir den Rückmarsch an.

Bei einem neuen Spaziergang entdeckten wir einen uns bisher unbekannt gewesenen Baum, den wir Barringtonai nannten, in der Landessprache heißt er Huddu. Die Einwohner erzählten, daß seine nußartige Frucht, zerstoßen, mit dem Fleisch von Muscheln vermischt und dann ins Meer geworfen, die Fische auf einige Zeit so betäube, daß sie auf die Oberfläche des Wassers heraufkommen und sich mit den Händen fangen lassen. - Wir gingen sogleich daran, den neuen botanischen Fund zu untersuchen. Zu diesem Zweck kehrten wir in einem hübschen Haus mit Rohrwänden ein, das mit wohlriechenden Stauden und einigen Kokosbäumen umpflanzt war. Der gastfreundliche Besitzer ließ sogleich einen jungen Burschen die Palme ersteigen und Blüten herunterholen. Dieser führte seinen Auftrag mit außerordentlicher Geschicklichkeit aus. An beiden Füßen befestigte er ein Stück der zähen Pisangrinde, das gerade so lang war, daß es rings um den Stamm reichte und ihm als fester Anhaltspunkt diente; mit den Händen hob er sich dann höher.

Von hier gingen wir weiter den Berg hinauf und hatten vom Gipfel aus als Belohnung einen herrlichen Ausblick auf die Matawaibucht. Mehrere niedrige Inseln sahen wir am Horizont verschwinden. Da unser Führer uns abriet, weiter in die Berge zu gehen, weil es da weder Menschen noch Wohnungen gebe, und da wir auch nicht wußten wie lange der Aufenthalt in dieser Bucht dauern würde, kehrten wir wieder um. Unterwegs lernten wir noch einen wohlaussehenden Mann mit seiner sechzehnjährigen Tochter kennen, die uns in ihr Haus zu einem Imbiß einluden. Der Weg dahin führte uns an den herrlichen Ufern des Matawaiflusses entlang; überall schöne Pflanzungen und Kokospalmen, Brotfrucht-, Apfel- und Maulbeerbäumen, die mit Feldern von Pisang und Kolokasien abwechselten. Endlich hatten wir die gastliche Stätte erreicht, die Anstalten zur Mahlzeit waren bald getroffen. Eine Matte wurde ausgebreitet, und alle gruppierten sich darauf. Die Mädchen suchten sich dabei in jeder Weise beliebt zu machen. Das beste Mittel, was sie gegen unsere Müdigkeit anwandten, bestand darin, daß sie mit ihren weichen Händen die Arme und Schenkel gelinde rieben und dabei die Muskeln zwischen den Fingern zusammendrückten. Dieses Verfahren erfrischte uns vollkommen, von einer Müdigkeit war nichts mehr zu spüren. Als wir uns nach zweistündigem Aufenthalt verabschiedeten, gaben wir den freundlichen Leuten einen großen Teil unseres Vorrates an Korallen, Nägeln und Messern.

Auf dem Rückweg kamen wir an vielen Häusern vorbei. In einer dieser Wohnungen sahen wir einen Mann mit der Zubereitung der roten Farbe beschäftigt, die sie zu dem aus dem Maulbeerbaum verfertigten Zeug verwenden. Die einzigen Bestandteile dazu waren der gelbe Saft einer kleinen Feigenart, Mattih genannt, und der grüne Saft eines Farn oder eines ähnlichen Krautes. Durch Mischung der beiden Farben entstand ein tiefes Karmesinrot, das die Frauen mit den Händen über das Zeug rieben, wenn sie es gleichmäßig gefärbt haben wollten. Sollte es aber ein gesprenkeltes Muster abgeben, so drückten sie ein in den Farbstoff eingetauchtes Bambusröhrchen bald in dieser, bald in jener Richtung auf den Stoff auf. Trotzdem derartig gefärbtes Zeug an der Luft leicht die frische Farbe verliert und auch gegen Nässe sehr empfindlich ist, steht es bei den Tahitern hoch im Wert und wird nur von vornehmen Leuten getragen.

4. Die Societätsinseln.

Nach vierzehntägigem Aufenthalt nahmen wir Abschied von dem herrlichen Tahiti. Ein frischer Wind ließ uns aber bald, am 2. September 1773, eine neue Insel, Huaheine, in Sicht kommen, die ungefähr 25 Seemeilen von Tahiti entfernt liegt. Cook hatte sie bereits auf seiner ersten Weltumsegelung entdeckt. Wir steuerten sodann den Hafen D-Wharre an. Bei Sonnenaufgang erblickten wir noch einige andere Inseln der Societätsgruppe, und zwar Raiatea, Taha und Borabora.

Wir waren kaum vor Anker gegangen, als sich schon verschiedene Kanus mit Kokosnüssen, Brotfrüchten und großen Hühnern einfanden. Das Volk redete dieselbe Sprache wie die Tahiter und war auch ebenso gekleidet. Gegen 11 Uhr begaben sich die Kapitäne an Land nach einem großen Wetterdach, das bis auf die Erde reichte und ein großes Doppelboot im Innern barg. Hier handelten unsere Leute noch ungefähr 20 Schweine und ein Dutzend Hunde ein. Das Fleisch dieser Tiere wurde von den Eingebornen für das schmackhafteste gehalten.

Am folgenden Tag begleitete mein Vater die Kapitäne nach dem Nordende des Hafens. Hier landeten sie bei einem nahe am Ufer gelegenen Haus, vor dem ein Mann namens Ori im Grase lag. Dieser verwaltete im Namen seines Neffen, des eigentlichen Königs Tehritäria, die Insel. Als die Kapitäne das Boot verlassen wollten, wurden sie von den Eingebornen gebeten, noch sitzenzubleiben, bis man ihnen einige junge Pisangstämme [unter Pisang ist die Banane gemeint] zum Zeichen des Friedens und der Freundschaft übergeben hätte. Man brachte also zwei solcher Bäumchen herbei, die von uns mit Korallen, Medaillen und anderem Kram behängt wurden, übergab sie Ori und sagte bei Überreichung des ersten: „No t'Eatua!", d.h. „für die Gottheit!" und beim zweiten: „Na te tayo O-Tute no Ori!", d.h. „vom Freunde Cook an Ori!" Von seiten des Königs wurden dagegen fünf Pisangzweige überreicht. Der erste wurde nebst einem Schwein mit den Worten: „Na t'Erih", d.h. „von seiten des Königs!" überreicht – unter dem König wurde der obengenannte Tehritäria verstanden, der noch ein Kind von 7 bis 8 Jahren war -, der zweite Zweig, ebenfalls mit einem Schwein, mit : „No t'Eatua!", „für die Gottheit!", der dritte mit: „No te Toimoi", das soviel als „zum Willkommen bedeutet, der vierte mit einem Hunde und den Worten: „No te taura", was wir jedoch nicht verstanden, und der fünfte mit einem Schwein unter : „Na te tayo Ori no Tute", „von Freund Ori an Cook".

Nachdem Cook alle diese Sachen in Empfang genommen hatte, stieg er an Land und umarmte Ori. Dieser, ein triefäugiger Mann, mochte ungefähr 50 oder 60 Jahre alt sein; er schenkte dem Kapitän noch etliche große Ballen Zeug [Rindenstoff]. Es dauerte nicht lange, da brachte man Hühner, Schweine und Hunde zum Verkauf, die wir gegen Nägel, Messer und Beile einhandelten.

Währenddessen ging ich mit Dr. Sparrmann auf dem Landweg zu Oris Behausung. Unterwegs sahen wir viele Schweine, Hunde und Hühner. Letztere liefen frei in den Wäldern herum oder saßen auf den Brotfruchtbäumen. Auch die Schweine liefen frei herum, doch bekamen sie ihr Futter von alten Frauen zugewiesen. Wir sahen, z.B., wie eine alte Frau ein kleines Ferkel mit gesäuertem Brotfruchtteig fütterte. Sie hatte das Tier in einer Hand, mit der andern hielt sie ihm ein Stück Schweinefell vor. Sobald es das Maul öffnete, um danach zu schnappen, fuhr sie mit einer Handvoll des sauren Teigs hinein, denn ohne diesen Kunstgriff mochte es nicht gehen. Eine andere Frau reichte einem jungen Hund sogar ihre volle Brust.

Wir bemerkten hier verschiedene Vögel, die wir schon auf Tahiti gesehen hatten, außer diesen aber noch einen blauen weißbauchigen Eisvogel und einen grauen Reiher. Als wir von diesen beiden Gattungen welche schossen, zeigte es sich, daß manche Leute ein Art religiöse Ehrerbietung gegen sie hegten, indem sie dieselben Eatua nannten. Diesen Namen pflegen sie sonst nur der Gottheit beizulegen. Andere hingegen halfen wieder die Tiere totschießen und aufsuchen.

Mittags fuhren wir mit dem Kapitän aufs Schiff zurück. Nach dreitägigem Aufenthalt, der uns 209 Schweine, 30 Hunde und 50 Hühner eingebracht hatte, lichteten wir wieder die Anker. Ein Eingeborener, O-Mai mit Namen, war mit an Bord gekommen; er hatte sich freiwillig erboten, mit nach England zu fahren.

Wir richteten unsern Lauf auf Raiatea und ankerten am folgenden Morgen im Hafen Hamaneno. Die Einwohner umringten uns bald in zahlreichen Kanus. In einem befand sich ein Befehlshaber namens Oruwherra, der von der benachbarten Insel Borabora stammte. Er war ein Athlet von Wuchs, hatte aber nur sehr kleine Hände und war auf den Armen mit sonderbaren viereckigen Flecken, über der Brust, den Bauch und den Rücken mit langen, schwarzen Streifen, an den Hüften und Lenden aber durchaus schwarz punktiert. Er brachte einige grüne Zweige und ein Ferkel. Nach Empfang unseres Gegengeschenks ging er sogleich wieder an Land und schickte ein zweites Kanu mit Kokosnüssen und Bananen, wofür er kein Geschenk annehmen wollte. Am Nachmittag besuchte uns ein anderer Befehlshaber, der mit meinem Vater die Namen tauschte. Er hieß Herea und war von so ungeheurem Leibesumfang, wie wir überhaupt noch niemanden in der Südsee gesehen hatten. Um den Leib maß er 54 Zoll, und jeder Schenkel hatte 31 ¾ Zoll im Umfang. Auch sein Haar war merkwürdig; in langen, schwarzen, wellenförmig geschlängelten Flechten reichte es bis auf die Hüften herab und war so stark, daß sein Kopf davon noch einmal so dick zu sein schien als von Natur. Korpulenz, Farbe und Tatauierung waren Zeichen seines Ranges, der ihn wie die Großen auf Tahiti zur Schwelgerei berechtigte.

Orea hatte uns zu einer dramatischen Vorführung oder Hiwa eingeladen. Der Schauplatz bestand aus einem ebenen Wiesengrund, der zwischen zwei parallel liegenden Häusern lag und ungefähr 75 Fuß lang und 15 Fuß breit war. Das größere dieser beiden Häuser konnte eine Menge Zuschauer fassen, das andere hingegen, das auf einer Reihe Pfosten stand, war nur eine enge Hütte, nach dem Schauplatz hin offen, sonst überall zugehangen. Innen hatte man eine Scheidewand von Gitterwerk und Matten gemacht, hinter der sich die Schauspieler ankleideten. Der Fußboden war mit drei großen schöngearbeiteten, an den Ecken schwarz gestreiften Matten belegt. Auf der offenen Seite der kleineren Hütte standen drei aus hartem Holz geschnitzte, mit Haifischhaut überspannte Trommeln; die größte mochte ungefähr 3 Fuß hoch und 12 Zoll im Durchschnitt sein. Diese wurden von vier oder fünf Leuten mit unglaublicher Geschwindigkeit mit den Fingern geschlagen. Nachdem wir eine ganze Weile in dem gegenüberliegenden Hause unter den vornehmsten Damen des Landes gesessen hatten, erschienen endlich die Künstlerinnen. Eine derselben war Oreas schöne Tochter Poyadua, und die zweite eine große wohlgebildete Frau. Die Kleidung dieser Tänzerinnen wich von ihrer sonst gewöhnlichen Tracht merklich ab. Sie hatten ein Stück inländischer brauner Tapa, manche auch ein Stück blauen europäischen Tuches dicht über die Brust zusammengeschlagen, so daß es unsern glatt anliegenden Damenkleidern ähnlich sah. Um die Hüften war ein Wulst von vier übereinanderliegenden Reihen ihres einheimischen Zeuges abwechselnd von roter und weißer Farbe mit einer Schnur festgegürtet. Von da hing eine Menge weißen Zeuges bis auf die Füße herab und stellte so eine Art von weitem Rock vor. Hals, Schultern und Arme blieben nackt, auf dem Kopf trugen sie aber eine Menge Flechten aus Menschenhaar, Tamau genannt, die kreisförmig übereinandergetürmt lagen und einen ungefähr 8 Zoll hohen Turban ausmachten, der unten enger wie oben, innen hohl und mit wohlriechenden Blüten angefüllt war. An der Vorderseite dieses Turbans sah man drei oder vier Reihen von kleinen, weißen Blumen, die sternförmig eingesteckt waren und sich auf dem pechschwarzen Haar wie Perlen abhoben. Die Tänzerinnen bewegten sich nach dem Schall der Trommeln und wie es schien unter Anführung eines alten Mannes, der mittanzte und einige Worte hören ließ, die wir dem Ton nach für eine Art Gesang hielten. Sie nahmen verschieden Stellungen ein und machten allerhand mannigfaltige Bewegungen mit den Händen. Die Bewegung der Arme war äußerst graziös und das beständige Fingerspiel ungemein zierlich. Das einzige, was sich mit unsern Schönheitsbegriffen nicht in Einklang bringen ließ, war die häßliche Gewohnheit, den Mund zu verzerren. Sie zogen den Mund seitwärts und brachten zu gleicher Zeit die Lippen in krampfartige Bewegungen. Nachdem sie ungefähr zehn Minuten lang getanzt hatten, traten fünf in Matten gehüllte Männer hervor, um eine Art Drama vorzustellen. Dieses bestand wechselweise in unanständigem Tanzen und in einer Unterredung, die in abgemessenem Silbenmaß abgefaßt zu sein schien. Einer kniete nieder und ließ sich von einem andern schlagen und beim Barte zupfen. Diese Possen versuchte jener noch an zwei andern, wurde aber dabei mit dem Stock verprügelt. Darauf verschwanden die Darsteller, und die Trommeln kündigten den zweiten Akt des Tanzes an, der genau wie der erste war. Ein nochmaliges Auftreten der Männer und ein weiterer Tanz beschlossen die Aufführung.

Am 14. September sandte Cook ein Boot nach der Insel O-Taha, die zwei bis drei Seemeilen von hier im selben Felsenriff wie Raiatea liegt. Währenddessen wurden wir von Orea, dem Befehlshaber des Distrikts, zu Gaste geladen. Bei der Ankunft im Hause unseres Wirtes fanden wir den Boden größtenteils mit Blättern bestreut, die als Tischtuch dienten. Zwei Eingeborne trugen auf den Schultern je ein gebratenes Schwein herein, das säuberlich in Pisangblätter eingewickelt war, und warfen es vor uns auf den Boden. Andere Bedienstete trugen Körbe voll Brotfrucht, Bananen und Mahie [gegorenen Brotfruchtteig] auf. Darauf wurden die Schweine zerlegt, und jeder nahm sich und gab auch seinem Nachbarn redlich davon. Die Männer verzehrten ihre Portionen sogleich, während die Frauen ihren Teil in Blätter wickelten, um ihn allein in Abwesenheit der Männer zu verspeisen. Das Schweinefleisch schmeckte uns allen nach der hiesigen Zubereitung besser als das nach europäischer Manier bereitete. Es war saftiger als unser gekochtes und zarter als unser gebratenes. Durch die gleichförmige Hitze, in der es unter der Erde gehalten wird, bleiben Saft und Kraft beisammen. Zum Schluß kamen unsere Weinflaschen zur Geltung. Freund Orea ließ sich sein Gläschen schmecken, ohne ein Auge zu verdrehen. Das wunderte uns um so mehr, als die Bewohner dieser Inseln sonst überall einen Widerwillen gegen unsere starken Getränke gezeigt haben. Die Tugend der Nüchternheit ist auch wirklich fast allgemein unter ihnen, besonders unter dem gewöhnlichen Volk. Allerdings haben sie ein berauschendes Getränk, auf das besonders einige Oberhäupter sehr viel geben. Es wird aus dem Saft der Pfefferwurzel [Wurzel des Pfefferstrauches], hierzulande Awa genannt, auf eine höchst ekelhafte Weise verfertigt, wie ich selbst gesehen habe. Nachdem die Wurzel in

Stücke geschnitten ist, wird sie von etlichen Leuten vollends kleingekaut und die mit Speichel wohldurchweichte Masse in ein großes Gefäß voll Wasser oder Kokosnußmilch gespuckt. Dieser Brei wird durch Kokosnußfasern geseiht und die gekauten Klumpen sorgfältig ausgedrückt, damit der zurückgebliebene Saft sich vollkommen mit dem Wasser oder der Kokosnußmilch vermischen kann. Zuletzt wird der Trank in einer andern großen Schale abgeklärt und ist dann fertig. Die Alten, die diesem Laster anhängen, sind dürr und mager, haben einen schuppige, schäbige Haut, rote Augen und rote Flecke über den ganzen Leib. Das sind nach ihrer Aussage die unmittelbaren Folgen dieses Genusses. Daneben gilt die Wurzel bei den Eingebornen aller dieser Gebiete für ein Sinnbild des Friedens, vielleicht weil Trunkenheit gute Kameradschaft macht.

Um die Freuden des Tages vollkommen zu machen, befahl Orea, daß abermals ein Tanz oder Hiwa aufgeführt wurde. Bei diesem wurden wir hinter die Kulissen gelassen, damit wir sehen sollten, wie sich die Tänzerinnen ankleiden. Diese Erlaubnis brachte ihnen manches kleine Geschenk ein. So gerieten wir z.B. auf den Einfall, ihren Kopfschmuck durch verschiedene Perlenschnüre zu verschönern. Unter den Zuschauern befanden sich einige der größten Schönheiten des Landes; besondern war eine Frau darunter, die viel weißer von Hautfarbe war, als wir auf diesen Inseln bisher gesehen hatten. Ihre Haut war wie fahlgraues Wachs, ohne daß etwa eine Krankheit daran schuld gewesen wäre. Ihre schönen schwarzen Augen und Haare kontrastierten damit vortrefflich. Man huldigte ihrer Schönheit durch allerlei Geschenke. Einer unserer Begleiter hielt zufällig ein kleines Vorhängeschloß in den Händen. Kaum hatte sie es bemerkt, so wollte sie es haben. Der Besitzer gab es ihr nach langem Bitten. Sie war nun so leichtfertig, es ins Ohr zu hängen, mit der Versicherung, es gehöre dahin. In diesem Putz gefiel sie sich ungemein. Schließlich wurde es ihr doch zu schwer, und sie wollte es abnehmen. Der Schlüssel war jedoch von dem früheren Besitzer weggeworfen worden, und erst nach langem inständigen Bitten und Flehen des Orea und aller seiner Verwandten befreite man die Schöne von Ihrem Ohranhängsel.

Bei einem unserer Landbesuche bot sich ein ungefähr 17 Jahre alter Mensch namens O-Heddidi an, mit uns nach England zu fahren. Der Kapitän willigte ein, denn am vorhergehenden Abend war uns Porea, der sich uns in Tahiti angeschlossen hatte, weggelaufen.

Gegen Abend trafen auch die nach O-Taha geschickten Boote mit der dort eingekauften Ladung Bananen und Kokosnüsse und mit einigen Schweinen an Bord wieder ein. Sie hatten an der östlichen Seite der Insel in der Bai O-Hamane geankert. Ihrer Schilderung nach glichen das Land und die Bewohner Tahiti. Unsere Leute begaben sich von hier aus gegen Norden, um den Befehlshaber O-Tah zu besuchen. Unterwegs erblickten sie eine Frau, die ganz sonderbar gekleidet und über und über schwarz gemacht war. Es hieß, sie traure und sei eben mit den Beerdigungszeremonien beschäftigt.

Je näher unsere Leute dem Königshaus kamen, desto größer ward das Gedränge, denn es sollte ein Hiwa stattfinden. Alls sie anlangten, fanden sie als Erih einen älteren Mann vor, der auf einem hölzernen Stuhle saß. Es dauerte nicht lange, so eröffneten drei junge Mädchen den Reigen, wovon die älteste nicht über zehn, die jüngste nicht unter fünf Jahre alt sein mochte. Die Musikkapelle bestand aus drei Trommlern. In den Zwischenakten führten drei Männer ein pantomimisches Drama auf. Es wurden schlafende Reisende vorgestellt, denen einige Diebe mit großer Geschicklichkeit die Bagage wegstahlen. Während dieser Vorstellung mußte das Volk für einige Leute Platz machen, die sich dem Hause paarweise näherten, aber an der Tür stehenblieben. Es waren teils erwachsene Personen, teils Kinder, die den Oberkörper unbedeckt hatten und mit Kokosöl eingesalbt waren. Um die Hüften trugen sie Schärpen von rotem Rindenstoff [Tapa] und um den Kopf Tamau oder Schnüre von geflochtenem Haar. O-Tah nannte sie die O-Da-Widdi, was nach Maßgabe der Zeichen, die er dabei machte, soviel als Leidtragende zu bedeuten schien. Als sich diese Leute dem Hause näherten, war der Platz vor ihnen mit Tapa belegt worden, die aber bald wieder aufgerollt und an die Trommelschläger ausgeteilt wurde. Einer von diesen geriet mit einem andern in Wortwechsel und ehe man sich's versah, wurden sie handgemein und zerrten sich an den Haaren herum.

Damit aber das Fest nicht unterbrochen wurde, stellte man gleich einen andern an die Trommel und jagte die Zänker zum Haus hinaus. Vor der Wohnung des Befehlshabers waren viele Kanus aufs Ufer gezogen und in einem derselben, das ein Dach hatte, lag der Leichnam, um dessentwillen die obengenannten Trauerzeremonien angestellt wurden.

Am nächsten Morgen segelten unsere Leute um das Nordende der Insel herum, wo innerhalb des Riffes eine Menge flacher Inseln liegen. Darauf wanderten sie nach einer an der südwestlichen Seite gelegenen Bai, die O-Herurua hieß. Hier trafen sie ein viel größeres Haus, als sie es sonst von den Societätsinseln her kannten. Es war voll von Einwohnern, und verschiedene wohnten gleich mit ihrer ganzen Familie darin, wie es überhaupt ein öffentliches Gebäude und für Reisende bestimmt zu sein schien. Von hier aus traten unsere Leute den Rückweg zu den Schiffen an.

Am folgenden Morgen kamen viele Eingeborne zu uns an Bord, um Abschied zu nehmen.

5. Bei liebenswürdigen Eingebornen der Freundschaftsinseln.

Früh am Morgen verließen wir das Riff von Hamaneno und hatten noch eine geraume Zeit die Inseln Raiatea, Borabora und Taha im Gesichtskreis; schließlich verschwanden auch sie unter dem Horizont. Bis zum 23. September setzten wir unsern Lauf fort, ohne daß etwas vorgefallen wäre. An diesem Tage erblickten wir eine Insel zur Linken des Schiffes. Wir steuerten auf sie zu und fanden, daß sie aus zwei Teilen bestand. Sie lang unter 19° 8' südlicher Breite. Das Land war mit einer Menge Buschwerk und dichtbelaubten Bäumen bewachsen, die von hohen Kokospalmen überragt wurden. Beide Inseln waren augenscheinlich durch ein Felsenriff miteinander verbunden. Cook nannte sie dem nunmehrigen Grafen von Bristol zu Ehren Hervey-Inseln. Von hier steuerten wir westwärts und sahen am 1. Oktober von neuem Land. Alle Umstände deuteten darauf hin, daß wir es mit den 1643 von Tasman entdeckten Inseln Middelburg und Amsterdam im Norden zu tun hatten. Wir fuhren um die südwestliche Spitze von Middelburg herum und segelten sodann längs der westlichen Küste hin. Das Tageslicht war noch so schwach, daß wir an verschiedenen Orten die Hüttenfeuer der Eingebornen durch die Büsche schimmern sahen, bald kamen auch einige Einwohner an den Strand herab. Verschiedene ruderten in ihren Kanus ans Schiff heran, einer von ihnen kam sogar an Bord; er überreichte uns eine Pfefferwurzel und berührte unsere Nasen mit der seinen, genau wie es die Neuseeländer bei Begrüßungen zu tun pflegen. Darauf setzte er sich wortlos auf das Verdeck nieder. Der Kapitän schenkte ihm einen Nagel, den er sogleich über den Kopf emporhielt und dabei das Wort Fagafetai aussprach. Um seinen Unterleib hatte er ein braungefärbtes Stück Zeug geschlungen, das bis auf die Knie hinabreichte. Es schien in der Art und ganzen Herstellung dem tahitischen sehr ähnlich zu sein, doch war es mit Leim oder Firnis steif und wasserdicht gemacht worden. Der Mann war von mittlerer Statur, hatte sanfte, regelmäßige Gesichtszüge und glich in der Hautfarbe den gewöhnlichen Tahitern; er war hell mahagoni- oder kastanienbraun. Den Bart trug er kurz geschoren, und sein Haupthaar hing ihm in kurzen Locken so kraus um den Kopf, als wenn es gebrannt wäre. Auf jedem Arm hatte er drei runde Flecke in die Haut punktiert, die jedoch nicht mit schwarzer Farbe eingerieben waren. Der Figur nach stellten sie lauter ineinanderpassende Zirkel vor, von denen die äußersten am größten, die inneren kleiner waren. Außerdem hatte er noch andere schwarze Flecke auf dem Leib. Im Ohrläppchen befanden sich zwei Löcher, in denen er einen kleinen runden Stab trug. An der linken Hand fehlte ihm merkwürdigerweise der kleine Finger.

Mittlerweile hatten wir die nordwestliche Spitze der Insel erreicht und ankerten auf offener Reede. Es dauerte nicht lange, so drängten sich vom Lande her eine Unzahl Kanus, in denen drei bis vier Leute saßen, die große Mengen Tapa anboten. Die Boote waren klein, ungefähr 15 Fuß lang, sehr spitz gebaut und an beiden Enden bedeckt. Sie hatten meistenteils Stangenausleger und waren sauberer gearbeitet wie die tahitischen. Die Ruder hatten wie auf der eben genannten Insel kurze, breite Schaufeln, waren aber besser gearbeitet wie dort. Ihre Sprache klang nicht unangenehm, sie wurde in einem singenden Ton gesprochen.

Inzwischen hatten noch andere Eingeborene das Schiff erklettert und waren vom Kapitän mit kleinen Geschenken bedacht worden. So oft man einem von ihnen etwas gab, hob er es über den Kopf und sagte ein jedesmal Fagafetai dazu. Wir erfuhren, daß das Land, vor dem wir lagen, in der Landessprache Ea-Uwhe heißt und daß die gegen Norden gelegene Tongatabu genannt wird.

Nach dem Frühstück gingen wir an Land und wurden hier mit einem großen Freudengeschrei bewillkommnet. Die Leute in den Kanus warfen uns große Pakete Tapa zu, ohne etwas dafür zu verlangen. Männer und Frauen schwammen neben uns her und hielten Kleinigkeiten zum Verkauf in die Höhe, wie z.B. Ringe von Schildkrötenschalen, Angelhaken aus Perlmutter. Sie waren in jeder Weise freundlich zu uns und trugen uns sogar auf den Schultern vom Boot aus an den Strand. Hier sahen wir unter den Leuten auch Frauen. Man hielt sie also nicht, wie so vielfach, aus Scheu vor dem Neuen zurück.

Das Seeufer stieg etwas steil an, daran schloß sich eine Wiese, an deren Ende ein Haus stand. Wir wurden hier zur Rast aufgefordert. Der Fußboden war mit den schönsten Matten zierlich ausgelegt, und in einer Ecke sahen wir ein Abteil von ebensolcher Flechtarbeit, hinter der nach den Zeichen der Eingebornen zu schließen die Schlafstelle war. Das Dach, das an beiden Seiten fast zur Erde herabreichte, bestand aus Sparren und runden Hölzern, die sehr genau miteinander verbunden und mit Matten aus Bananenblättern bedeckt waren.

Kaum hatten wir das von mehr als hundert Menschen eingenommene Haus betreten, als uns ein paar Frauen mit einem Gesang bewillkommneten, der trotz seiner einfachen Melodie doch angenehm und ungleich musikalischer klang als der von Tahiti. Während des Gesanges schnippten die Sängerinnen mit dem ersten Finger und dem Daumen nach dem Takt und hielten die übrigen drei Finger jeder Hand gerade in die Höhe. Als die ersten drei Sängerinnen zu Ende waren, fingen drei andere an, und schließlich wurde ein allgemeiner Chor daraus.

Unsere Wirte setzten uns reichlich Kokosnüsse und Pampelmusen vor, die hier kugelrund und beinahe so groß wie ein Kindskopf waren. Zu beiden Seiten der vor dem Haus befindlichen Wiese lief ein Zaun von Rohrstäben hin, die kreuzweise geflochten und fest miteinander verbunden waren. Durch diesen Zaun gelangte man vermittelst einer Brettertür, die an Stricken hing, in eine Pflanzung. Die Tür war so angebracht, daß sie von selbst hinter uns zufiel. Das Land sah aus wie ein großer Garten, der durchgehends mit hohen Kokospalmen, Bananen und Zitronen sowie mit Brotfruchtbäumen besetzt war. Ein Fußsteig führte uns nach einem Wohnhaus, das in derselben Art wie das vorige angelegt war. So kamen wir nach und nach durch zehn solcher Gärten oder Pflanzungen, die alle umzäunt und mit Türen versehen waren. In jeder war ein Haus, das aber meistens von den fleißigen Bewohnern verlassen war. Wir sahen nur wenig Hühner und Schweine; auch die Brotfruchtbäume, die wir auf Tahiti so zahlreich antrafen, waren hier seltener. Die Eingeborenen scheinen sich mehr von Wurzelwerk und Bananen zu nähren.

Wohnung und Kleidung waren, wie wir beobachtet hatten, nicht so verschwenderisch wie auf Tahiti, und auch ihr äußeres Ansehen bewies, daß hierzulande die Reichtümer mit mehr Gleichheit verteilt sein mußten als dort, weil die Befehlshaber und die obere Klasse sich weder durch hellere Hautfarbe noch durch wohlgemästeten Körper aus der Allgemeinheit heraushoben.

Die Männer waren von mittlerer Statur: 5 Fuß 3 Zoll bis zu 5 Fuß 10 Zoll, sie waren überaus schön gebaut und etwas muskulöser als die Tahiter. Ihre Gesichtsbildung war sanft und gefällig, aber länglicher als bei den Tahitern, besondern waren die Nase schärfer und die Lippen dünner. Sie hatten schöne schwarze Augen; das Haar war gewöhnlich schwarz und gekräuselt. Die Männer und Frauen trugen es kurz verschnitten zum Teil aufwärts gekämmt, so daß es wie Borsten in die Höhe stand. Den Kindern hatte man es noch kürzer geschnitten und man hatte nur einen Haarschopf auf dem Wirbel und einen auf jeder Seite über dem Ohr stehen gelassen. Die Bärte waren geschoren oder vielmehr, wie es hier geschieht, mit einem Paar scharfer Muschelschalen dicht an der Haut abgezwickt worden. Männer und Frauen waren ohne Unterschied des Standes von hell kastanienbrauner Farbe und schienen sich durchgehends einer vollkommenen Gesundheit zu erfreuen. Unter den Männer war das Punktieren und Einschwärzen der Haut allgemein üblich. Besonders waren die Lenden und der Leib stark mit künstlerischen Figuren tatauiert. Bei den Frauen war es jedoch nicht üblich, sich auf diese Weise zu verschönern. Sie hatten nur gleich den Männern drei runde Flecke auf jedem Arm, die eine Menge ineinanderpassender Kreise vorstellten und in die Haut punktiert, aber nicht mit schwarzer Farbe eingerieben waren. Außer dieser Verzierung begnügten sie sich mit ein paar schwarzen Punkten auf den Händen. Die Männer gingen fast ganz nackt und trugen nur ein schmales Stück Tapa wie eine Schärpe um die Hüften geschlagen. Manchmal war es etwas länger und reichte dann fast wie ein Frauenrock von den Hüften bis über die Knie hinab. Die Frauen schlugen dagegen den Rindenstoff unmittelbar unter der Brust um den Leib, und von da hing er bis auf die Waden herunter. Er war von der gleichen Art wie der tahitische, aber in viereckigen Feldern nach Art eines Brettspiels bemalt und mit einem Leim oder

Firnis überzogen, der der Feuchtigkeit wiederstand. Statt der Tapa trugen sie wohl auch Matten, die den tahitischen ähnlich waren und zuweilen über die Schultern und Brust getragen wurden. Als Schmuck diente den Männern eine um den Hals hängende Schnur mit einer Perlmutterschale. Die Frauen hatten mehrere Schnüre um den Hals, an denen kleine Schnecken, Samenkörner und Fischzähne aufgereiht waren; in der Mitte hing dann der runde Deckel einer Schnecke, ungefähr so groß wie ein Talerstück. Die beiden Ohrlöcher waren durchbohrt, zuweilen doppelt, und in den Löchern trugen sie ein Stück Schildkrötenschale oder einen Knochen. Nicht selten bestanden diese Zylinder auch aus Rohr und waren mit einer festen roten Substanz angefüllt und außen bunt gebeizt.

Das Sonderbarste, was wir an dieser Nation bemerkten, war das Fehlen des kleinen Fingers bei vielen Leuten. Hierin unterschied sich weder das Geschlecht noch das Alter, selbst von den wenigen Kindern, die wir herumlaufen sahen, waren bereits die meisten auf diese Art verstümmelt. Nur einige alte Leute hatten ihr volle Fingerzahl und bildeten somit eine Ausnahme von der Regel. Durch wiederholtes Fragen erfuhren wir, daß Todesfälle der Anlaß zu derartigen Verstümmelungen seien. Noch eine andere Sonderbarkeit entdeckten wir. Fast durchgehends hatten sie auf beiden Backenknochen einen runden Fleck, der eingebrannt oder mit blasenziehenden Sachen eingeätzt zu sein schien. Bei einigen waren diese Merkmale noch ganz frisch, bei andern bereits mit einem Schorf überzogen, und bei einigen wieder zeigten sich nur noch geringe Spuren davon. Warum man sich derartige Flecke beibrachte, konnten wir nicht feststellen. [Es geschieht dies gleichfalls bei Todesfällen.]

Wir handelten unter den vielen Geräten auch Kämme ein, die aus einer Anzahl kleiner flacher ungefähr 5 Zoll langer Stöcke bestanden. Diese waren aus grobem Buchsbaumholz geschnitzt und am oberen Ende durch ein zierliches buntes Flechtwerk aus braunen und schwarzgefärbten Kokosfasern miteinander verbunden. Sie verfertigten auch allerhand Körbe, die oft in braunen und schwarzen Feldern geflochten, zuweilen aber auch nur von brauner Farbe waren. Im letzteren Fall waren sie dann reihenweise mit runden, flachen

Perlen besetzt, die aus Schnecken geschliffen zu sein schienen. Die Körbe waren sowohl der Form als wie dem Muster nach sehr verschieden, aber stets sauber und sehr geschmackvoll gearbeitet. Die kleinen hölzernen Kopfunterlagen waren hier häufiger als auf Tahiti. Speiseschalen und Spatel, mit denen der Brotfruchtteig durcheinandergerührt wurde, waren aus Kasuarinen- oder Keulenbaumholz geschnitzt. Die Keulen waren aus demselben Holz verfertigt. Ihre Form war mannigfaltig und ihre Handhabung so schwer, daß wir sie nicht leicht mit einer Hand führen konnten. Der eigentliche Kolben war meistens vierseitig und von blattförmiger Gestalt, der Schaft ebenfalls viereckig, nach dem Handgriff zu aber rund. Andere sahen schaufelförmig, flach und zackig aus, noch andere hatten lange Griffe und eine ähnliche Schneide wie die Aderlaßlanzette, wieder andere waren krumm und knotig. Meistens waren sie mit allerhand feldweise abgeteilten Mustern beschnitzt, was viel Geduld und Zeit in Anspruch nehmen mag, denn die einzigen Werkzeuge, die sie dazu verwenden, sind scharfe Steine, Korallen oder Muscheln; die Oberfläche war wunderbar geglättet. Ihre Speere waren entweder einfach zugespitzte Holzstangen, oder die Spitze bestand aus dem Schwanz des Stachelrochens. Sie führten auch Bogen und Pfeil. Der Bogen war 6 Fuß lang, ungefähr so dick wie ein kleiner Finger, und wenn er nicht gespannt war, nur wenig gekrümmt. Längs der konvexen, äußeren Seite lief für die Sehne ein vertiefter Falz, zuweilen so tief eingeschnitten, daß auch der ungefähr 6 Fuß lange Pfeil, der aus einem Rohrstabe gemacht und mit hartem Holz zugespitzt war, darin Platz hatte. Wenn nun der Bogen gespannt werden sollte, so mußte solches nicht wie gewöhnlich durch stärkere Biegung seiner Krümmung geschehen, sondern gerade umgekehrt, so daß der Bogen erst gerade und dann nach der entgegengesetzten Seite hin krumm gebogen wurde. Die Sehne durfte dabei nie straff angezogen werden, denn schon durch geringe Änderung der natürlichen Biegung des Bogens bekam der Pfeil Trieb genug. Das Wiedereinspringen des Bogens und der Sehne war nie so heftig, daß die Hand oder der Arm des Schützen davon hätte beschädigt werden können.

Während ich nach Tisch mit Dr. Sparrmann die gesammelten Schätze ordnete, ging mein Vater mit dem Kapitän an Land. Sie gaben uns darüber folgenden Bericht.

„Am Landungsplatz begrüßten uns die Einwohner mit einem Freudengeschrei, und bald entwickelte sich ein lebhafter Handel. Wir verließen unter Führung von Einheimischen den Platz und traten den Marsch in das Innere an. Der Weg führte durch viele schöne Gärten, die wir teils mit Rohr, teils mit lebendigen Hecken umzäunt fanden. Jenseits derselben kamen wir an einen schmalen Steig, der zwischen eingezäunten Gärten hinlief. Der Weg führte uns auf eine Wiese, nach deren Überquerung wir eine Allee von vier Reihen Kokosnussbäumen erreichten. Sie mochte 200 Schritt lang sein und führte uns wiederum in einen schmalen Gang zwischen Gärten. Auf diesem Weg kamen wir durch ein angebautes Tal an eine Stelle, wo verschiedene Fußsteige zusammentrafen. Wir befanden uns hier auf einer rings von Bäumen beschatteten Wiese, in deren einer Ecke ein Haus lag. Ein schattiger Gang führte uns von diesem Fleck zu einer Aue, an deren Ende wir einen kleinen Hügel mit zwei Hütten erblickten. Rings um die Anhöhe standen einen Fuß weit voneinander Rohrstäbe in der Erde, und vor diesen waren einige Kasuarinen angepflanzt. Unsere Begleiter wollten uns nicht weiter als bis an den Zaun heranlassen, wir gingen aber hinauf und sahen in die Hütten hinein. Das Dach reichte fast bis auf eine Spanne zur Erde herab. In einer von den Hütten fanden wir einen erst neuerdings beigesetzten Körper. Der Hügel, auf dem die Hütten standen, war aus kleinen Korallensteinen lose aufgeschüttet. Wir gingen von hier noch ein Stück durch die sauberen Gärten ins Innere des Landes und kehrten dann wieder zurück."

Am folgenden Morgen beschenkten wir den Oberbefehlshaber mit einer Menge Sämereien, deren Nutzen wir ihm durch Zeichen so gut wie möglich klarzumachen suchten. Wir hatten von ihrer Sprache schon einige Worte gesammelt und fanden, daß die hiesige Sprache mit der auf Tahiti und den Societätsinseln sehr nahe verwandt zu sein schien.

Wir verließen nun dieses Gestade und segelten nach Tongatabu, das ungefähr 21° 11' südlicher Breite und 175° westlicher Länge liegt.

Im Vergleich zur vorhergehenden Insel war es sehr niedrig, aber im Umfang größer als diese. Am Nachmittag ankerten wir in derselben Gegend, wo 1643 Tasman vor Anker gegangen war. Es dauerte nicht lange, so kamen die Eingebornen in Kanus oder schwimmend ans Schiff.

Als wir an Land gingen, wurden wir ebenso freundlich wie auf der vorigen Insel aufgenommen. Die Einwohner brachten uns schöne, ganz zahme Papageien und Tauben zum Verkauf. Unsere tahitischen Reisegefährten handelten emsig Putzwerk aus roten Federn ein, die in ihrer Heimat sehr hoch im Wert stehen. Diese Federn waren hier gewöhnlich auf geflochtene Schürzen aus Kokosnußfasern geklebt und dienten den Frauen beim Tanz als Schmuck. Oft waren sie auch auf Bananenblätter befestigt und wurden so als Kopfzierat um die Stirn gebunden. Unsere tahitischen Reisebegleiter konnten bereits die hiesige Sprache ganz gut verstehen.

Vom Landungsplatz traten wir einen kurzen Spaziergang ins Innere an. Er führte uns durch ähnliche Gartenanlagen wie auf Eauwhe nach einer Wiese, die von Barringtoniabäumen, Kasuarinen und wilden Sagopalmen eingesäumt war. Am oberen Ende des Platzes lag ein 2-3 Fuß hoher Hügel, der am unteren Seitenrand mit viereckig gehauenen Korallensteinen ausgelegt und zum bequemeren Hinaufsteigen mit zwei Stufen von Korallensteinen verstehen war. Oben stand eine ungefähr 20 Fuß lange, 15 Fuß breite und 10 Fuß hohe Totenhütte, deren Dach aus Pisangblättern war und fast bis auf die Erde herabreichte. Innen hatte man den Fußboden mit kleinen, weißen Korallensteinen bestreut; auf diesen lag in einer Ecke eine ungefähr 8 Fuß lange und 12 Zoll hohe Schicht von schwarzen Kieseln. Nach der Aussage eines Eingebornen, der mit in die Hütte ging, lag hier ein Mann beerdigt. Wir fanden auf dieser Grabstätte auch zwei aus Holz geschnitzte Figuren, die ähnlich den E-Tihs auf Tahiti Menschengestalt besaßen. Man verehrte sie ebensowenig wie dort. Diese Begräbnisplätze heißen in der Landessprache Fayetuca.

Unterwegs trafen wir auf viele Häuser, die aber leer waren. Sie waren mit Matten ausgelegt und von wohlriechenden Sträuchern umgeben. Zuweilen waren sie von den Baumgärten oder andern

Pflanzungen noch durch einen eigenen Zaun abgesondert, der eine besondere Tür hatte, die innen verriegelt werden konnte. Wir traten den Rückmarsch an und kauften den uns unterwegs begegnenden Eingebornen noch allerlei Gegenstände ab, wie Matten, Zeug, aus zwirnähnlichen Fäden geknüpfte Netze und sonderbare Knieschürzen. Diese waren mit sternförmigen Figuren aus Kokosfasern von 3 bis 4 Zoll Durchmesser geziert, die mit den Spitzen zusammenstießen und mit kleinen roten Federn und Muschelperlen aufgeputzt waren. Eine andere Kuriosität war ein großes flaches Brustschild aus einem runden Knochen, der von einer Walfischart sein mochte. Er war ungefähr 18 Zoll im Durchmesser, weiß wie Elfenbein und schön poliert. Außerdem brachte man uns ein Musikinstrument, das aus 9-10 Rohrpfeifen bestand, die mit Kokosnußfasern zusammengebunden waren. Die Länge der Pfeifen war selten merklich verschieden und betrug 9 Zoll. Lange und kurze waren ohne Ordnung durcheinandergemischt. Man blies mit den Lippen in die obere Öffnung hinein und zog die Pfeifen vor dem Mund hin und her. Das Instrument hatte ungefähr vier bis fünf Töne und ging nie auf eine ganze Oktave. Zu ihren Musikinstrumenten gehörten auch noch Flöten aus Bambusrohr, die wie auf Tahiti mit den Nasenlöchern geblasen wurden. Gewöhnlich waren sie mit allerhand kleinen eingebrannten Figuren verziert und hatten 4-5 Tonlöcher, während die tahitischen nur drei hatten. Eingebrannte Figuren fanden wir auch auf ihren hölzernen Speiseschalen und anderm Hausrat.

Als wir spät am Abend an Bord kamen, umgab eine lärmende Menge von Eingebornen teils im Kanu, teils schwimmend unser Schiff. Unter den letzteren gab es sehr viele Frauen, die sich wie Amphibien im Wasser tummelten. Sie ließen sich leicht bewegen, an Bord zu kommen, und gaben sich für ein Hemd, ein Stück Zeug und ein paar Nägel ohne Zaudern unsern Seeleuten preis. Die Einwohner benutzten das Eisenwerk zum Putz und trugen die Nägel meistenteils an einem Band um den Hals oder steckten sie durchs Ohr.

Die Fahrzeuge, die unsere Schiffe umgaben, waren von verschiedener Bauart. Die gewöhnlichen kleinen Boote, in denen sie Waren zum Markte brachten, hatten einen ganz scharfen Kiel und waren vorn und hinten stark zugespitzt, dabei aber so schmal, daß die Wellen oft über den äußersten Enden ganz zusammenschlugen. Damit nun in derartigen Fällen das Kanu nicht voll Wasser lief, waren die beiden Spitzen oben mit Brettern verdeckt. Ein leichtgebauter Stangenausleger verhütete das Umschlagen. Das Kanu bestand aus mehreren braunen harten Holzplanken, die mit Kokosnußfasern aufeinander befestigt waren. An der Innenseite des Plankenrandes ist eine vorspringende Leiste, durch welche die Schnüre hindurchgehen. Längs des äußeren Brettrandes sind zu beiden Enden des Kanus 7-8 runde, knotenförmige Erhöhungen angebracht, die eine Nachahmung der kleinen Floßfedern der Boniten, der tropischen Thunfische, zu sein scheinen. Ich glaube auch, daß die Insulaner im Bau ihrer Boote diese schnellen Fische zum Vorbild genommen haben. Die Kanus sind gewöhnlich 15 bis 18 Fuß lang und schön geglättet. Die Ruder sind wie die tahitischen fein poliert und besitzen eine kurze, breite, blattförmige Schaufel.

Die zweite Art von Kanus ist zum Segeln eingerichtet. Wir sahen eins, ein Doppelboot, das aus zwei kleineren bestand, die dicht aneinander befestigt waren. Beide Bootsteile sind dann wie in Tahiti ganz mit einer Plattform bedeckt. Derartige Boote können wohl 150 Mann tragen. Die Segel sind aus Matten und dreieckig geformt; zuweilen ist die Figur einer Schildkröte oder eines Hahnes eingeflochten.

Unter den Leuten, die das Schiff umschwärmten, bemerkte ich verschiedene, deren Haar gepudert war. Bei genauerer Untersuchung ergab sich, daß dieser Puder aus Muschel- oder Korallentalk bereitet war, der vermöge seiner ätzenden Eigenschaft die Haare angegriffen und gleichsam versengt hatte. Man war dabei schon auf allerlei Künstelei verfallen. Einer von den Männern hatte einen blauen und mehrere Leute, Männer wie Frauen, einen orangefarbenen Puder aus Curcuma benutzt.

Unsere Waren stellten für die Eingebornen ein zu großes Wertobjekt dar, als daß sie diese nicht auch heimlich entwendet hätten. So raubte einer eine Jacke. Um seine Beute in Sicherheit zu bringen, tauchte er sogleich unter Wasser und verschwand dann, als er den Strand erreicht hatte, in dem dichten Gewühle des Marktplatzes. Unsere Matrosen feuerten mehrere Male nach dem Täter; trotzdem blieb die Menge ruhig stehen und rührte sich nicht vom Platz, obgleich ihr die Kugeln um die Ohren flogen. Ein anderer entwendete vom Schiff Bücher und andere Gegenstände. Als er sich entdeckt sah, warf er seine Beute ins Wasser und suchte durch geschicktes Tauchen seinen Häschern zu entgehen. Ein befreundetes Boot brachte ihn dann in Sicherheit.

In den nächsten Tagen hatten wir auf einem Landausflug eine recht interessante Begegnung. Am Landungsplatz trafen wir einen Mann von mittlerem Alter, der auf der Erde saß, umringt von einer Schar Eingeborner. Unsere Leute erzählten, die Eingebornen hätten sich vor ihm auf die Erde geworfen, sie hätten seine Füße geküßt und auf ihren Kopf gesetzt. Bei weiter Nachforschung erfuhren wir, daß dieser Mann das Oberhaupt der ganzen Insel war und Ko-Haghi-Tu-Fallango hieß. Die Leute versicherten uns, daß er ihr Arighi oder König sei. Sie setzten hinzu, er werde Latu-Nipuru genannt. Die Kapitäne machten diesem Mann allerhand Geschenke, die er höchst gelassen hinnahm. Ein Priester befand sich in demselben Kreis und ließ sich Awa, das berauschende Pfefferwasser, gut schmecken. Es wurde in kleinen viereckigen Bechern aus gefalteten und geflochtenen Bananenblättern gereicht. Man bot uns etwas davon an, und wir kosteten auch. Das Getränk war von milchweißer Farbe, hatte aber einen ekelhaften, faden Geschmack und ließ eine unangenehme brennende Empfindung auf der Zunge zurück.

Am Landungsplatz hatte sich der Menschenhaufen in verschiedene Gruppen aufgelöst. Einige Frauen sangen, andere spielten Ball. Ein hübsches junges Mädchen fiel uns vor allen Dingen durch ihre Grazie und Schönheit auf. Sie hatte ihre Haare der hiesigen Landessitte zuwider nicht kurz verschnitten, sondern trug sie in schönen Locken lang und frei herabhängend. Sie spielte mit fünf kleinen Kürbissen, von denen sie einen um den andern in die Höhe warf und wieder fing, während die andern noch in der Luft schwebten.

Beide Schiffe waren nun mit genügend Vorrat versehen. Trotz der Kleinheit der Insel hatten wir doch 60-80 Schweine und eine

Menge Hühner zusammengebracht. Frisches Wasser war hingegen nirgends zu finden gewesen. Die Einwohner scheinen gute Vogelfänger zu sein und großen Gefallen an diesen Tieren zu finden, denn sie trugen manchmal Tauben auf einem Stock mit sich herum. Daß dies ein Unterscheidungszeichen des Standes sein sollte, konnten wir nicht bemerken.

Vor der Abfahrt schickte uns der Landesherr noch ein fertig zubereitetes Schwein an Bord. Um diese Höflichkeit nicht unerwidert zu lassen, übersandten wir ihm ein Hemd, eine Säge, ein Beil, einen Kupferkessel und andere Kleinigkeiten. Er nahm diese Sachen mit ebenso großem Gleichmut hin wie bei unserm ersten Zusammentreffen. Wir gingen gleich wieder an Bord und lichteten am Abend die Anker, um nach Süden zu steuern.

Am Nachmittag des 8. Oktober erblickten wir Tasmans kleine Pylstaart-Insel; sie liegt unter 22° 26' südlicher Breite und 170° 59' westlicher Länge. Von hier aus steuerten wir nach Neuseeland, um den Sommer in den südlicheren Breiten zu verbringen.

6. Bei den Kannibalen auf Neuseeland.

Kaum hatten wir den heißen Erdstrich zwischen den Wendekreisen verlassen, als große Züge von Seevögeln sich einfanden. Nach einigen Tagen trafen wir bereits auf Scharen von Sturmtauchern, die uns Landnähe anzeigten. Am 21. Oktober sahen wir die Berggipfel von Neuseeland. Den ganzen Tag steuerten wir gegen die Küste hin und waren am Nachmittag dem Table Kap und der Portlandinsel gegenüber. Wir konnten schon die Hütten und Festungen der Eingeborenen unterscheiden, die wie Adlernester oben auf den Klippen erbaut waren. Wir steuerten die Nacht hindurch längs der Küste und näherten uns am Morgen dem Schwarzen Kap. Drei Kanus stießen vom Land ab; in dem einen befand sich ein vornehmer Mann, der sogleich an Bord kam. Er hatte ein paar neue, aus Flachs hergestellte Kleidungsstücke auf dem Körper. Sein Haar war auf dem Scheitel hoch gebunden, mit Öl eingeschmiert und mit Federn besteckt. In beiden Ohrläppchen trug er ein Stück Albatroshaut, an dem noch die weißen Flaumfedern saßen. Sein Gesicht war über und über mit krummen und gewundenen Linien punktiert. Der Kapitän beschenkte ihn mit etwas Gartensämereien, drei Paar Hühnern und einigen Schweinen. Aus Dankbarkeit beraubte er sich einer neuen Streitaxt oder Mahipeh, die kunstvoll geschnitzt, mit Papageifedern und mit weißem Hundehaar geziert war.

Unsere Gäste gaben uns zum Abschied einen Kriegstanz zum besten. Es wurde mit den Füßen gestampft, die Keulen und Speere drohend geschwenkt, das Gesicht schrecklich verzerrt, die Zunge herausgestreckt und ein wildes heulendes Geschrei ausgestoßen, wobei aber durchgehends ein bestimmter Takt beobachtet wurde.

Die nächsten Tage brachten uns schwere Stürme; wir konnten uns nur mühsam an der Küste halten. Am 24. Oktober sahen wir endlich die Einfahrt der Cookstraße, wagten es aber wegen der Dunkelheit nicht, hineinzusteuern. Dieser fürchterliche Sturm hielt eine Woche an; wir waren ein Spiel der Wellen. Das Takelwerk und die Segel waren zerfetzt, die Wellen gingen haushoch. In diesen stürmischen Tagen verloren wir auch unser Begleitschiff, die

„Adventure", außer Sicht und sahen sie auf der ganzen übrigen Reise nicht wieder. Endlich, am 1. November, erreichten wir wieder die Cookstraße. Bald kamen wir an das Kap Terawitti auf der Nordinsel, nach Westen zu lag eine Bai, in die wir am nächsten Tag einliefen. Hohle, kahle Berge stiegen nahe der Küste hoch; trotzdem die Gegend so kahl und öde aussah, war sie doch bewohnt. Wir lagen noch keine halbe Stunde vor Anker, als schon verschiedene Kanus ankamen. Die Leute gingen sehr dürftig in alte lumpige Mäntel oder sogenannten Boghi-Boghi gekleidet. Der Rauch, dem sie in ihren niedrigen kleinen Hütten beständig ausgesetzt waren, und der Schmutz, der sich vermutlich von ihrer Jugend an ungestört auf der Haut angehäuft hatte, ließ sie über und über häßlich gelbbraun erscheinen. Ihre eigentliche Körperfarbe konnte man deshalb gar nicht feststellen. Während des Winters, der eben zu Ende ging, mochten sie sich oft mit halbverfaulten Fischen haben behelfen müssen. Diese ekelhafte Nahrung und das ranzige Öl, womit sie sich das Haar einschmieren, hatte ihren Ausdünstungen einen so unerträglichen Gestank gegeben, daß man sie schon von weitem witterte. Sie brachten einige Fischangeln und gedörrte Krebsschwänze zum Verkauf und nahmen dafür unsere Eisenwaren sowie tahitische Stoffe sehr begierig an. Cook schenkte ihnen ein paar Hühner mit dem Bedeuten, sie zur Brut zu behalten und aufzuziehen. Bei ihrer Gedankenlosigkeit steht aber zu befürchten, daß sie, sobald es ihnen an Lebensmitteln fehlt, die Hühner als Nahrung verwenden. In irgendeiner der nördlichsten Baien würde dagegen das zahme Vieh vielleicht noch eher in acht genommen werden, denn dort sind die Eingebornen gesitteter und wenigstens schon an Landwirtschaft gewöhnt, indem sie verschiedene Pflanzen mit eßbaren Wurzeln bauen.

Am Nachmittag lichteten wir die Anker. Das Wetter wurde wieder stürmisch. Wir kamen aber wohlbehalten unter dem Kap Koa-Maru im Charlottesund vor Anker. Am folgenden Tage trafen wir glücklich wieder in Ship Cove ein, das wir vor fünf Monaten verlassen hatten. Kaum hatten wir geankert, so kamen schon verschiedene Eingeborne an Bord. Sie erzählten uns, einer ihrer alten Befehlshaber namens Gubaia habe auf die beiden Ziegen, die wir in den Wäldern bei Graß Cove gelassen, eine Jagt angestellt, sie geschlachtet und gegessen. Nachmittags besuchten wir die Pflanzungen, die wir am Strande von Ship Cove auf dem Hippahfelsen und auf Motu Aro angelegt hatten. Alles stand soweit ganz schön, nur die Kartoffeln waren alle fort, die Eingebornen schienen sie gegessen zu haben.

Am 9. November besuchten uns wieder drei Kanus, wovon das eine am Heck sehr kunstvoll geschnitzt und mit erhabener und durchbrochener Arbeit verziert war. Am folgenden Tage stießen noch zwei Kanus zu ihnen, worin sich unser Freund Towahangha mit seiner ganzen Familie befand. Er brachte seinen Sohn Khooàh und seine Tochter Ko-parrih mit an Bord. Wir kauften ihm eine Menge grüner Nephritsteine ab, die zu Meißeln und Äxten geschliffen waren. Dem kleinen Khooàh schenkte Cook ein Hemd. Mit dieser neuen Kleidung angetan, ging er sofort aufs Verdeck, um sich seinen Landsleuten vorzustellen. Ein alter Ziegenbock, der zum großen Mißvergnügen der Neuseeländer seinen Stand ebenfalls auf dem Verdeck hatte, nahm Anstoß an der Kleidung des Burschen und stieß ihn nieder. Auf sein klägliches Geschrei hin befreiten ihn unsere Leute aus seiner kritischen Lage. Heulend kam er zu seinem Vater, der ihm, statt Mitleid mit dem armen Schelm zu haben, zur Strafe für seine Torheit noch einige derbe Schläge versetzte.

Am 21. morgens kamen zwei Kanus mit Frauen ans Schiff und gaben uns zu verstehen, ihre Männer seien gegen eine andere Partei ausgezogen, sie hätten deshalb große Sorge um sie. Nach ihren Zeichen zu urteilen, mußten die Feinde irgendwo in der Admiralitätsbai wohnen.

Am nächsten Tag begleiten wir den Kapitän nach der Westbai, um hier im entlegensten Teil des Waldes zwei Sauen nebst einem Eber, drei Hähne und zwei Hennen auszusetzen. Die Gegend ist sumpfig und wird allem Anschein nach von den Eingebornen wenig besucht. Am Eingang dieser Bai trafen wir nur ein einziges Kanu mit einigen wenigen Eingebornen. Als wir wieder an Bord anlangten, kamen sieben bis acht Kanus von Norden her gerudert; die einen fuhren direkt nach Indian Cove, die andern suchten unser Schiff auf. Die Leute waren stattlich geschmückt., wie wir es seit unserm

Aufenhalt hier noch nicht gesehen hatten. Das Haar war aufgebunden, die Backen rot geschminkt. Alle diese Umstände stimmten nur zu gut mit der Nachricht der Frauen überein, die wir am Tag vorher erhalten hatten; denn die Wilden pflegen sich mit ihren besten Kleidern zu putzen, wenn sie gegen den Feind ziehen. Sie brachten eine Unzahl Waffen mit, die sie uns zum Kauf anboten. Dieser Umstand ließ uns auf den Gedanken kommen, daß der Kriegszug nur deshalb unternommen sei, um Tauschobjekte für unsere begehrten Waren zu erhalten.

Am folgenden Morgen sahen wir die Eingebornen am Wasserplatz zum Frühstück Wurzeln essen, die von besserem Geschmack als unsere Rüben waren. Mein Vater ließ sich die Pflanze, von der die Wurzeln stammen, zeigen. Es war eine Art Farnbaum, der Mamaghu genannt wird. Die Leute zeigten meinem Vater gleichzeitig den Unterschied dieser Art zu einer andern, Ponga mit Namen, deren Wurzel nicht zu genießen, aber sonst der ersteren sehr ähnlich ist. Die Einwohner braten die Wurzel erst eine Weile über dem Feuer und schlagen oder quetschen sie hierauf zwischen zwei Steinen oder zwei Stücken Holz, um aus dieser mürbe geklopften Masse ein wenig Saft aussaugen zu können; die übrigbleibenden trockenen Fasern werden weggeworfen. Die Mamaghuwurzel gibt ein ziemlich gutes Essen ab; nur schade, daß sie nicht häufig anzutreffen ist.

Als mein Vater aus dem Wald zurückkam, bemerkte er, wie ein Junge von ungefähr sechs bis sieben Jahren von seiner Mutter ein Stück von einem gebratenen Pinguin, das sie in den Händen hatte, verlangte, und da sie ihm nicht gleich zu Gefallen war, einen großen Stein ergriff und nach ihr warf. Sie lief auf ihn zu, um diese Ungezogenheit zu ahnden; kaum hatte sie ihm aber einen Schlag gegen, als ihr Mann sie zu Boden warf und unbarmherzig verprügelte. Unsere Leute erzählten, daß sie derartige Auftritte bereits mehrfach gesehen, ja daß Kinder selbst Hand an ihre Mutter gelegt und sie in Gegenwart des Vaters geschlagen hätten.

Am Nachmittag ging der Kapitän mit meinem Vater nach Motu Aro, während einige Offiziere sich nach Indian Cove begaben, um dort Handel zu treiben. Das erste, was ihnen in die Augen fiel, waren die Eingeweide eines Menschen, die nahe am Wasser auf einem Haufen lagen. Die Eingebornen zeigten uns selbst verschiedene Stücke des Körpers vor, und durch ihre Gebärden gaben sie uns zu verstehen, daß sie die übrigen gefressen hätten. Unter den vorhandenen Gliedmaßen befand sich auch noch der Kopf. Danach zu urteilen, mußte der Erschlagene ein Jüngling von 15 bis 16 Jahren gewesen sein. Die untere Kinnlade fehlte, und über dem einen Auge war der Hirnschädel vermutlich mit einem Pattu-Pattu eingeschlagen. Unsere Leute fragten, wo sie diesen Körper her hätten. Darauf bekamen sie zur Antwort, daß dieser ein im Kampf gefallener Gegner sei. Sie fügten hinzu, auch von ihrer Partei seien verschiedene umgekommen, und zeigten dabei auf einige seitwärts sitzende Weiber, die laut wehklagten und sich zum Andenken der Gebliebenen die Stirn mit scharfen Steinen blutig ritzten. Es blieb uns also kein Zweifel mehr: die Neuseeländer waren wirklich Menschenfresser. Herr Pickersgill kaufte den Kopf für einen Nagel. Als er an Bord zur Schau gestellt worden war, kamen einige Neuseeländer vom Wasserplatz zu uns. Als sie des Kopfes ansichtig wurden, bezeigten sie ein großes Verlangen danach und gaben durch Zeichen deutlich zu verstehen, daß das Fleisch von vorzüglichem Geschmack sei. Pickersgill wollte den ganzen Kopf nicht hingeben, doch bot er ihnen ein Stück von der Backe an, und es schien, als freuten sie sich darauf. Als er ihnen ein Stück abschnitt, wollten sie es nicht roh essen, und man ließ sie deshalb das Stück in unserer Gegenwart über einem Feuer braten, worauf es die Neuseeländer vor unseren Augen gierig verschlangen.

Über den Ursprung des Kannibalismus bestehen verschiedene Meinungen. So meint Herr Kanonikus Pauw zu Xantes in seinen „Recherches philosphiques sur les Américains", die Menschen seien ursprünglich durch Mangel und dringende Not darauf verfallen, einander aufzufressen. Dagegen lassen sich sehr gewichtige Einwürfe machen, und folgender ist wohl einer der stärksten. Wenige Winkel der Erde sind dermaßen unfruchtbar, daß sie ihren Bewohnern nicht so viel Nahrungsmittel liefern sollten, als diese zu ihrem Unterhalt bedürfen, und diejenigen Länder, in denen es jetzt noch Menschenfresser gibt, können gerade am wenigsten für so elend ausgegeben werden. Die nördliche Insel von Neuseeland, die beinahe 400 Seemeilen Umfang haben mag, enthält, soviel sich berechnen läßt, kaum 100 000 Einwohner, was für ein so großes Land, auch wenn nur allein die Küste und nicht auch das Landesinnere bewohnt ist, eine sehr geringe Zahl ist. Und wären mehr Bewohner vorhanden, so würden sie sich doch alle von dem Überfluß an Fischen und durch den Landbau, der in der Plenty Bai und an andern Orten begonnen worden ist, genügend ernähren können. Haben sie doch sogar uns davon abgegeben. Zwar mag, bevor sie Netze und den Landbau kannten, der Unterhalt spärlicher gewesen sein, doch war zu dieser Zeit die Bevölkerung sicher nicht so groß. Bei alledem leugne ich nicht, daß es Fälle gegeben haben mag, wo der Mensch aus Not seinesgleichen gefressen hat; das sind jedoch nur einzelne Beispiele, und aus diesen kann noch nichts auf eine allgemeine Gewohnheit des Kannibalismus geschlossen werden. Man kann nur so viel sagen, daß der Mensch in manchen Fällen zu einer derartigen außergewöhnlichen Handlungsweise gebracht werden kann. So hat 1772 in der Zeit von Mißernten in Thüringen ein Hirt aus Hunger einen jungen Burschen erschlagen und gefressen und mehrere Monate lang bloß aus Wohlgeschmack am Fleisch zu morden fortgefahren.

Der Grund zum Kannibalismus scheint vielmehr ein anderer zu sein. Oft geben unbedeutende Zänkereien zu unglaublicher Verbitterung in der menschlichen Gesellschaft Veranlassung. Ebenso ist es bekannt, daß bei wilden Völkern die Rachsucht häufig bis zur Raserei ausartet, in der sie sich zu unerhörten Ausschreitungen hinreißen lassen. Vielleicht haben also die ersten Menschen ihre Feinde aus bloßer Wut gefressen, damit gleichsam nichts von ihnen übrigbleiben möchte. Sie mögen das Fleisch sehr schmackhaft gefunden und dann stets die Erschlagenen gefressen haben. Der erste Schritt zur Kultur mußte bei allen Völkern der sein, daß sie die Menschenfresserei aufgaben.

Die Neuseeländer fressen ihre Feinde nur, wenn sie solche im Gefecht und in der größten Wut erlegt haben. Sie machen nicht Gefangene, um sie zu mästen und dann abzuschlachten, noch weniger bringen sie ihre Verwandten in der Absicht um, denn sie essen nicht einmal solche, die eines natürlichen Todes gestorben sind, wie es von gewissen amerikanischen Völkern berichtet wird. Durch Einführung von Schlachtvieh kann leicht eine Änderung herbeigeführt werden; auch in ihrer Religion liegt kein Hindernis, denn sie sind nicht so abergläubisch, Menschenopfer zu veranstalten.

Über ihre Religion konnte Tupaia [ein Tahiter, der an der ersten Reise Cooks teilnahm], der einzige, der sich mit den Neuseeländern hat unterhalten können, bald erfahren, daß sie ein höchstes Wesen anerkennen, eine Kenntnis, die bei allen Völkern der Erde gleichsam als ein Funke göttlicher Offenbarung übrig zu sein scheint. Daneben haben die Neuseeländer bestimmte Untergottheiten, die mit denen von Tahiti so genau übereinstimmen, daß das System ihrer Vielgötterei sehr alt und von den gemeinsamen Voreltern beider Nationen herzustammen scheint. Wir bemerkten auf Neuseeland keine einzige Zeremonie, die auf die Religion Beziehung gehabt hätte, und ich weiß nur zwei Umstände, die entfernt einen Aberglauben zu verraten scheinen. Eins ist der Name Etui oder „Vogel der Gottheit", den sie zuweilen einer Art von Spechten beilegten; in der neuseeländischen Sprache heißt der Vogel Kogo. Die Benennung scheint eine Verehrung anzudeuten, dergleichen die Tahiter und die übrigen Bewohner der Societätsinseln den Reihern und Eisvögeln geben; doch kann diese Achtung nicht weit gehen, denn wir haben nicht bemerkt, daß sie diesen Vogel mehr als jeden andern am Leben zu erhalten gewünscht hätten. Der zweite Umstand besteht in dem Tragen eines Amuletts von grünem Stein, das an einer Halsschnur an der Brust hängt und ungefähr die Größe eines Talers hat. Es sieht einer Menschengestalt nicht unähnlich. Sie nennen es Etighi, was zweifellos mit dem tahitischen Eti übereinstimmt. Dort und auf den benachbarten Inseln bedeutet Eti ein hölzernes Menschenbild, das zum Andenken an den Toten, keinesfalls aber zu gottesdienstlicher Verehrung, bei den Gräbern auf einem Pfahl errichtet wird.

Außer diesen Etighifiguren tragen sie zuweilen Schnüre mit aufgereihten Menschenzähnen um den Hals. Auch dieser Zierat hat keine abergläubische Bedeutung; er gilt nur als Kennzeichen der Tapferkeit, denn es sind die Zähne der im Kampf erschlagenen

Feinde. Von Priestern oder Zauberern wissen sie, soviel wir bemerken konnten, nichts.

* * * * *

Unser Schiff war nunmehr völlig instand gesetzt, auch hatten wir uns mit genügend Proviant versehen, so daß wir am 24. November die letzten Anstalten zur Abreise treffen konnten. Am Nachmittag wurde ein Boot abgeschickt, um einen Brief in einer Flasche unter einem Baum zu vergraben, damit Kapitän Furneaux, falls er hierherkommen sollte, Nachricht fände. In einem andern Boot fuhr mein Vater mit verschiedenen Offizieren nach Indian Cove, wo die Menscheneingeweide noch immer auf der Erde lagen. Auch das Kanu war noch da, auf dem die Eingebornen ihren Kriegszug ausgeführt hatten. An dem mit Schnitzwerk und mit braunen Federbüscheln verzierten Bug befand sich eine vierzackige Gabel, auf der das Herz des erschlagenen Jünglings aufgespießt war. Unsere Leute kauften bei dieser Gelegenheit noch zubereiteten Hanf und eine Menge Angelhaken mit knöchernen Spitzen, die nach Aussage der Eingebornen aus dem Röhrenknochen des menschlichen Armes gemacht sein sollen.

Am folgenden Morgen lichteten wir die Anker; da der Wind und die Strömung ungünstig waren, mußten wir aber zwischen Motu Aro und der Longinsel den Anker fallen lassen. Nach ein paar Stunden wurde der Wind günstiger und führte uns in kurzer Zeit nach der Cookstraße. Wir hielten uns in der Gegend des Kap Terawitti dicht am Land und feuerten ab und zu einen Kanonenschuß ab, um die „Adventure" aufmerksam zu machen, falls sie in einer Bucht liegen sollte. Zwischen den Kaps Terawitti und Palliser entdeckten wir eine weit ins Land hineinreichende Bai, deren Ufer flach und sehr fruchtbar zu sein schienen. Hier wäre der geeignete Platz zur Anlegung einer Kolonie. Diese Gegend scheint auch nicht sonderlich bewohnt zu sein. Mit dem Anbau von Flachs und der Ausfuhr dieses Produktes nach Indien, wo Taue und Segeltuch sehr hoch im Preise stehen, könnte die Kolonie eine aussichtsreiche Zukunft haben.

Am folgenden Morgen erreichten wir die Ausfahrt der Straße,

liefen um das Kap Palliser herum und nordwärts der Küste hinauf, noch immer in der Hoffnung, die „Adventure" hier irgendwo anzutreffen; es war aber vergebens. Wir steuerten nun in südsüdöstlicher Richtung und verloren Neuseeland bald außer Sicht.

7. Vorstoß nach dem Südland. Besuch der Osterinsel.

Bereits nach wenigen Tagen trafen wir auf Seelöwen, die Bewohner arktischer Breiten. Das Thermometer sank mehr und mehr, und es dauerte dann auch nicht lange, so trafen wir auf das erste Treibeis. In Höhe von 61° 46' südlicher Breite liefen wir geradewegs nach Osten. Bald kamen wir in ein heftiges Schnee- und Hagelgestöber, daß wir nicht die Hand vor den Augen sehen konnten. Unser Freund Maheine zeigte darüber große Bewunderung, denn diese Witterungsarten sind in seinem Vaterland gänzlich unbekannt. „Weiße Steine", die ihm in der Hand schmolzen, waren Wunder in seinen Augen. Nachdem er die Flocken lange genug betrachtet hatte, und wir ihm ihre Entstehung klarzumachen versuchten, sagte er endlich, er wolle es bei seiner Rückkehr nach Tahiti „weißen Regen" nennen. Das Treibeis hielt er für „weißes Land". Bereits auf Neuseeland hatte sich Maheine eine Anzahl dünner Stöckchen gesammelt, die er sorgfältig in ein Bündelchen zusammenband und als eine Art Tagebuch gebrauchte. Jedes dieser Söckchen bedeutete ihm eine der Inseln, die wir bei unserer Abreise von Tahiti entweder besucht oder wenigstens gesehen hatten. Er konnte schon jetzt 9-10 solcher Hölzchen aufzeigen und wußte sie alle bei ihrem Namen und in derselben Reihenfolge zu nennen, wie die Inseln wirklich aufeinandergefolgt waren. Das Weiße Land oder Whennua tea-tea war das letzte. Alle Tage studierte er fleißig dieses Bündelchen. In seinen sonstigen Mußestunden gingen wir mit ihm unser zusammengestelltes tahitisches Wörterbuch durch und erlangten dabei gleichzeitig noch von manchen Dingen Kenntnis, über die wir nun bei unserer nochmaligen Ankunft auf Tahiti genauere Nachforschungen anstellen konnten.

Am 15. Dezember erblickten wir so viele Eisfelder um uns her, daß wir keine Möglichkeit sahen, weiter nach Süden vorzudringen. Um wieder freizukommen, mußten wir nach Nordosten steuern. Dabei war das Wetter äußerst naß und empfindlich kalt. Wir steuerten aber wieder nach Süden und befanden uns nach wenigen Tagen wieder unter 66° 22'. Maheine war sehr erstaunt über den „beständigen Tag", denn da wir uns innerhalb des antarktischen Zirkels befanden, trat auch das Phänomen der Mitternachtssonne in Erscheinung. Soweit wir bis jetzt gekommen waren, hatten wir kein Land gesehen. Das ist für uns eine Bestätigung dafür, daß unter dem gemäßigten Himmelsstrich in der Südsee kein großes Festland existiert. Einige Tage lang steuerten wir nach Nordosten und änderten am 11. Januar 1775 unsern Lauf wieder nach Südosten. Heftige Stürme machten uns in den nächsten Tagen die Fahrt zur Qual. Am 30. Januar kamen wir an ein festes Eisfeld von unabsehbarer Größe; auf ihm lagen riesige Eismassen aufgetürmt. Unsere Breite war damals 71° 10' . Da wir nicht mehr weiter vordringen konnten, kehrten wir um. Die Länge betrug damals 106° 54' westlich von Greenwich. Wir fuhren nun schnell nordwärts und kamen bald in eine wärmere Zone. Nunmehr lenkten wir unsern Lauf nach Südwesten, um eine vermeintliche Entdeckung des Juan Fernandez [ein Irrtum Forsters, damit kann nur die Entdeckung des Engländers Davis 1688 gemeint sein] aufzusuchen, die sich nach zeitgenössischen Angaben in diesen Breiten befinden sollte. Da wir aber nirgends Land erblickten, fuhren wir wieder nach Norden. Wir mußten einen Platz zur Erholung aufsuchen, denn der Kapitän war schwer erkrankt. Dank der vorzüglichen Pflege unseres Wundarztes erholte er sich jedoch bald wieder. Doch griff nun der Skorbut unter der Mannschaft um sich, und auch ich blieb nicht davon verschont. In dieser kritischen Lage steuerten wir direkt nach der 1722 von Roggeveen entdeckten Osterinsel, die auch 1770 noch oft von den Spaniern besucht worden war. Am 9. März sahen wir endlich diese Insel. Neben zwei Hügeln entdeckten wir durch das Glas eine große Anzahl schwärzlicher Säulen, die in verschiedenen Haufen aufrecht nebeneinander standen. Es waren Figuren, wie sie bereits die ersten Entdecker bemerkt hatten. Da wir an der Ostseite keinen Ankerplatz fanden und der Wind nur schwach war, mußten wir noch eine Nacht unter Segel bleiben. Sobald es finster wurde, erblickten wir verschiedene Feuer unter den eben erwähnten Säulen, was die Holländer als Opfer angesehen hatten.

Am 13. März liefen wir dicht unter der südlichen Spitze der Insel hin. In dieser Gegend entdeckten wir auch einige bepflanzte Felder, doch machte die Insel im ganzen genommen einen dürren unfruchtbaren Eindruck, und es war so wenig Grün zu bemerken, daß wir uns keine großen Hoffnungen auf Erfrischungen machen durften. Mittlerweile sahen wir viele, fast ganz nackte Leute eiligst von den Bergen gegen das Ufer herabkommen. Wenige Minuten nachher schoben bereits zwei von ihnen ein Kanu ins Wasser und ruderten auf uns zu. Sie waren von mittlerer Größe, aber mager. Ihrer Gesichtsbildung nach waren sie den Tahitern ähnlich. Der eine von den beiden hatte einen Bart, der bis auf einen halben Zoll abgeschnitten war. Sie hatten den ganzen Körper wie die Neuseeländer und die Bewohner der Societätsinseln mit Punkturen besetzt. Das Sonderbarste an ihnen war aber die Größe ihrer Ohren, deren Lappen so lang gezogen waren, daß sie fast bis auf die Schultern reichten. Die in die Lappen hineingeschnittenen Löcher waren so groß, daß man bequem vier bis fünf Finger hineinstecken konnte.

Ihr Kanu war in seiner Art nicht weniger sonderbar. Es bestand aus lauter kleinen Stücken Holz, die ungefähr 4-5 Zoll breit und 3-4 Fuß lang und sehr kunstvoll zusammengesetzt waren. Das ganze Boot mochte 10-12 Fuß lang sein. Vorder- und Hinterteil waren sehr hoch, das Mittelteil dagegen sehr niedrig. Es hatte einen Ausleger aus drei dünnen Stangen, und jeder von den Leuten führte ein Ruder, dessen Schaufel gleichfalls aus verschiedenen Stücken verfertigt war.

Die Eingebornen reichten uns aus ihrem Boot ein großes Bündel reifer Pisangs [Bananen], die bei uns allen größte Freude verursachten und ihnen Perlen, Bänder und andere Sachen als Gegengabe einbrachten.

Unser Lotse sollte die Reede sondieren und fuhr zu diesem Zweck ans Ufer. Bei seiner Rückkehr brachte er einen Eingebornen mit an Bord, der genau so lang ausgeweitete Ohren wie die beiden vorhergehenden Besucher hatte; ebenso war sein Körper, besonders seine Schenkel, felderweise mit würfelförmigen Figuren verziert. Er trug nur einen Gürtel um den Leibe, an dem vorn ein Netz herabhing. Um den Hals trug er eine Schnur mit einem breiten, 5 Zoll langen Knochen, der eine Zunge vorstellen sollte. Er erzählte uns, daß dieser Knochen von einem Meerschwein [Ivi toharra] stamme, womit das Tier auch auf Tahiti bezeichnet wird. Als wir ihm Nägel und

Korallenschnüre gaben, verlangte er, wir sollten sie ihm um den Kopf binden. Anfangs war er etwas mißtrauisch und furchtsam und fragte uns mehr denn einmal, ob wir ihn umbringen würden. Als wir ihm das ausredeten, sprach von nichts anderem als Tanzen. Wenn wir ihn auch anfangs etwas schwer verstehen konnten, so stellte es sich doch bald heraus, daß seine Mundart der auf den Societätsinseln ähnlich war.

Am nächsten Morgen ging der Kapitän mit meinem Vater, Dr. Sparrmann und mir an Land, wo uns 100 – 150 Eingeborne erwarteten. Sie waren fast alle nackt, einige trugen einen Gürtel um den Leib, an dem vorn ein Netz oder ein 6-8 Zoll langes Stück Tapa herabhing. Nur wenige hatten Mäntel um, diese reichten dann auch bis auf die Knie.

Der Rindenstoff war wie auf Tahiti von demselben Material, aber um ihn dauerhafter zu machen, durchnäht und meistens mit Curcuma gelb gefärbt. Die meisten von ihnen trugen keine Waffen, einige hatten Lanzen, deren Schaft aus höckrig gewachsenem Holz verfertigt war und eine dreieckige scharfe Spitze aus Obsidian trug. Andere hatten Keulen, die den aus Fischknochen verfertigten neuseeländischen Pattu-Pattu ähnelten [wahrscheinlich ist die besondere Form der Mere-Keule gemeint]. Einer besaß eine 3 Fuß lange, am einen Ende mit Schnitzwerk versehene Streitkeule. Mitunter hatte einer der Insulaner einen europäischen Hut oder ein gestreiftes baumwollendes Schnupftuch, jener eine blaue, wollene Jacke, alles Geschenke der letzten spanischen Besucher von 1770.

Sie waren durchgehends stark über den Leib tatauiert, besonders aber im Gesicht. Auch ihre Frauen, die sehr klein und zart waren, hatten Punktierungen im Gesicht, die an Gestalt den Schönheitspflästerchen unserer Damen glichen. Allerdings befanden sich unter der großen versammelten Menge nicht über 10-12 Frauen. Sie waren gewöhnlich mit ihrer hellbraunen Farbe nicht zufrieden, sondern hatten sich das ganze Gesicht mit rotbraunem Rötel überschmiert, über den dann noch das schöne Orange der Curcumawurzel gelegt war. Ja zum Teil hatten sie sich das Gesicht auch mit zierlichen Streifen von weißem Muschelkalk verschönert.

Zur Vergrößerung ihrer Ohrläppchen bedienten sie sich eines

Zuckerrohrblattes, das aufgerollt durch das gestochene Loch gesteckt wird und vermöge seiner Elastizität den Einschnitt beständig erweitert. Die unerträgliche Sonnenhitze hatte sie allerhand Mittel erdenken lassen, um den Kopf vor den brennenden Strahlen zu schützen. Die Männer trugen einen aus Gras geflochtenen Ring um den Kopf, der rundherum mit schwarzen Fregattvogelfedern besteckt war. Andere hatten große buschige braune Mützen aus Möwenfedern, die fast ebenso dick waren wie die großen Doktorperücken des siebzehnten Jahrhunderts. Andere wieder hatten einen hölzernen Reif auf dem Kopf, in dem lange weiße Federn angebracht waren, die leicht hin und her schwankten und dem Kopf immer Kühle zufächelten. Die Frauen hingegen trugen einen aus Flechtwerk verfertigten Hut, der vorn spitz war und nach oben hin schräg zusammenlief. Auf der Rückseite fielen zwei einzelne Krempen herab, die vermutlich den Rücken schützen sollten.

Ungefähr 15 Schritt vom Landungsplatz erblickte man eine 7-8 Fuß hohe Mauer aus viereckigen behauenen Steinen, die kunstvoll ohne Mörtel aufeinandergelegt waren. 12 Schritt weiter ins Land lag eine zweite Mauer von nur 2-3 Fuß Höhe. Der Zwischenraum war eine mit Gras bewachsene flache Ebene. 50 Schritt weiter gen Süden fanden wir einen andern erhabenen ebenen Platz, dessen Oberfläche mit den gleichen viereckigen Steinen gepflastert war. In der Mitte davon stand eine steinerne Säule, die aus einem Stück und 20 Fuß hoch und 5 Fuß dick war. Sie stellte einen Menschen dar. Die Figur war recht roh gearbeitet. Charakteristisch waren jedoch die langen Ohren und der rote zylinderförmige Stein, der den Figuren auf den Kopf gesetzt war. Der Kopf nebst dem Aufsatz machte die Hälfte der ganzen Säule aus.

Wir gingen nun weiter ins Land und fanden den Boden immer unfruchtbarer werden. Die uns am Landungsplatz entgegengekommenen Eingeborenen schienen den Hauptteil der Bevölkerung auszumachen. Wir sahen auch nicht viel Hütten, 10-12 mochten es sein; eine stattliche Hütte lag auf einem kleinen künstlich erbauten Hügel. Das Fundament bestand aus Steinen, die in zwei gegeneinanderlaufenden krummen Linien flach auf den Boden gelegt waren.

In der Mitte, wo sich die größte Krümmung befand, lagen die beiden Reihen Grundsteine ungefähr 6 Fuß, an den äußersten Enden kaum einen einzigen Fuß breit einer vor dem andern. In jedem dieser Steine bemerkten wir 1-2 Löcher, worin Stangen gesteckt waren. Die mittelsten Stangen waren 6 Fuß hoch, die andern wurden aber nach beiden Seiten zu immer kürzer, so daß die letzten nur 2 Fuß Höhe hatten. Oben neigten sich alle diese Stangen zusammen und waren an Querstangen gebunden, durch die sie zusammengehalten wurden. Das Dach war aus dünnen Ruten geflochten und außen dann noch mit Matten belegt. An den Seiten reichte das Dach bis auf den Boden und oben lief es schräg in einem Winkel zusammen. Auf der einen Seite war eine ungefähr 18 Zoll bis 2 Fuß hohe Öffnung als Türe, die durch ein vorspringendes Wetterdach gegen Regen geschützt war. Das Innere war leer und kahl und ohne jedes Licht, nicht einmal ein Bund Stroh lag darin, um sich ausruhen zu können.

Außer diesen Hütten sahen wir auch einige Steinhaufen, die an einer Seite ganz steil waren und dort auch eine Öffnung hatten, die unter die Erde führte. Der innere Raum konnte nur sehr klein sein, und es ist zu vermuten, daß diese Löcher ebenfalls des Nachts als Obdach dienen. Wir hätten sie gern näher untersucht, doch ließen uns die Bewohner nicht hinein. Neben diesem Steinhaus stand eine Zuckerrohr- und Pisangpflanzung. Um jede Pisangpflanze war eine Vertiefung von 12 Zoll gemacht, vermutlich um das Regenwasser zu sammeln, dagegen war das Zuckerrohr auf noch so dürrem Boden 9-10 Fuß hoch und enthielt einen ungemein süßen Saft, den uns die Eingebornen besonders dann anboten, wenn wir zu trinken verlangten. Dieser Umstand ließ in uns die Vermutung aufkommen, daß es hier an frischem Wasser fehle. Als wir aber an den Landungsplatz zurückkamen, trafen wir den Kapitän bei einem Brunnen an, der nahe an der See tief in den Felsen eingehauen war. Trotzdem das Wasser brakisch war, tranken es die Eingeborenen.

An der Westseite der Bucht standen drei Säulen auf einem breiten und erhöhten Postament in einer Reihe aufgerichtet. Diese Reihe nannten die Bewohner Hanga-roa, die obenerwähnte einzelne Säule hieß Obina. Als wir uns nach der Bedeutung erkundigten, erfuhren wir, daß diese Steine die Denkmäler ihrer Eriki oder Könige seien. Vermutlich ist dann die gemauerte Plattform der Begräbnisplatz. Wir fanden auch wirklich Menschengebeine darauf.

Die Kunstfertigkeit der Eingebornen offenbarte sich noch in einer sehr interessanten Form. Im Tauschhandel wurden uns nämlich kleine hölzerne Menschenfiguren angeboten, die fein und wohlproportioniert geschnitzt waren. Sie stellten Personen beiderlei Geschlechts dar. Das Holz war schön poliert, und die ganze Herstellungsart stand ohne Zweifel höher als die Bearbeitung der Steinfiguren.

Am Nachmittag besuchte ich die Berge gegen Süden. Sie waren infolge ihrer sanften Neigung leicht zu besteigen. Ich fand an ihren Abhängen eine große Pisangpflanzung und weiter hinauf auch die Reste einer alten Mauer, auf der vor alten Zeiten vielleicht eine Bildsäule stand. Von da lief ich über einige Felder, auf denen ich eine Familie beim Ausgraben ihrer Kartoffeln antraf. [Gemeint ist wohl die Süßkartoffel, auch Batate genannt.] ich ging auf ihre winzig kleine Hütte zu. Die Familie überreichte mir etwas von ihrem Zuckerrohr, wofür ich ihnen etwas tahitisches Zeug gab, das sie sogleich um den Kopf wickelten. Neben der Hütte sah ich auch einige Hühner; es waren die ersten, die ich bis jetzt auf der Insel angetroffen habe.

Als ich wieder an Bord kam, war auch mein Vater von einem größeren Ausflug zurückgekehrt. Über seine Beobachtungen erfuhr ich durch seine Tagebuchaufzeichnungen folgendes: „Wir gingen längs des höchsten Berges, der nach Süden liegt, bis wir die andere Seite der Insel erreichten. Ungefähr hundert Eingeborne, darunter 4-5 Frauen, begleiteten uns und verkauften uns eine Menge Kartoffeln und einige Hühner. Ein Mann von mittlerem Alter, der über den ganzen Leib punktiert war und das Gesicht mit weißer Farbe angestrichen hatte, ging voran und hielt ein weißes Tuch auf einem kleinen Stecken empor, wobei er seine Landsleute aus dem Wege gehen hieß. Der Boden war ganz und gar mit Steinen bedeckt, die Fußsteige waren einigermaßen von Steinen gereinigt, aber eng, so daß wir mit den Füßen ganz einwärts gehen mußten. Den Einwohnern fiel dieser Umstand nicht schwer, weil sie beim Gehen beständig einen Fuß vor den andern zu setzen pflegten. Auf der Ostseite der Insel kamen wir zu einer Reihe Bildsäulen. Es waren sieben Stück, von denen noch vier aufrecht standen. Diese östliche Reihe wurde Hanga Tebau genannt. Auch die einzelnen Bildsäulen hatten jede ihren Namen: Tomoai, Ko-Tomoiri, Ko-Hun, Morahina, Umariwa, Winabu, Winape. Weiterhin trafen wir verschiedene Felder mit Kartoffeln, Jams- und Kolokasienwurzeln an. Das Gras, das sich hier und da zwischen den Steinen findet, war ausgejätet und über den Boden gestreut, um diesen entweder gegen die Sonne zu decken und dadurch feucht zu erhalten, oder um ihn damit zu düngen. Einige von den Eingebornen trugen Stöcke mit schwarzen Obsidianspitzen, die sorgfältig in kleine Stücken Zeug eingewickelt waren. Nur einer hatte eine Streitaxt, die zwar kürzer als die neuseeländische, im übrigen aber ihr ähnlich war. Auf jeder Seite war ein Kopf geschnitzt, in dem statt der Augen ein paar Stückchen von dem eben erwähnten schwarzen Glas einsetzt waren.

Bald darauf sagten uns die Leute, ihr Hariki oder König komme uns entgegen. Einige Personen gingen vor ihm her und gaben jedem von uns ein Stück Zuckerrohr zum Zeichen der Freundschaft. Gleich darauf sahen wir den König auf einer Anhöhe stehen und gingen zu ihm hinauf. Er nannte sich Ko-Tohitai und setzte hinzu, er sei der Eri der ganzen Insel. Er war von mittlerem Alter, und sein Gesicht und Körper waren tatauiert. Seine Kleidung bestand aus einem Stück Zeug von Maulbeerbaumrinde, das mit Gras durchnäht und mit Curcuma gelb gefärbt war. Auf dem Kopf hatte er ein Diadem aus schwarzen Federn. Wir konnten nicht beobachten, daß ihm das Volk besondere Ehren erwiesen hätte, und wahrlich, in einem solchen armseligen Land konnte er sich schließlich auch keine besonderen Vorrechte anmaßen, um nicht den natürlichen Rechten des Menschen zu nahe zu treten. Wir gingen mit dem Oberhaupt noch tiefer ins Land hinein und trafen dabei noch viele von den Steinfiguren an; zum Teil waren sie umgeworfen. Unter anderm fanden wir eine von 27 Fuß Länge und 9 Fuß im Durchmesser; es war die größte, die wir bisher gesehen hatten. Wir kehrten nunmehr um und traten den höchst beschwerlichen Rückweg an. Wir hatten ungefähr 25 Meilen weit in glühender

Sonnenhitze zu gehen, denn Bäume gab es nicht, die einen Schutz hätten bieten können.

Was die riesigen Steinmonumente anlangt, die hier so häufig sind und die Kräfte der heutigen Bevölkerung zu übersteigen scheinen, muß man wohl annehmen, daß sie Überbleibsel besserer Zeiten sind, denn die heutige Zahl der Bevölkerung halten wir für die ganze Insel für nicht höher als 700, während die Holländer und Spanier sie noch auf 2-3000 geschätzt haben. Diese hatten allerdings das Landesinnere nicht so genau wie wir untersucht.

Unsere Zeit war nun hier abgelaufen, wir mußten an die Weiterführung der Expedition denken, und so segelten wir an einem der letzten Märztage nach Westen zu ab.

8. Nach den Marquesasinseln.

Trotzdem wir nicht allzu viel Erfrischungen auf der Osterinsel genossen hatten und der Aufenthalt nicht von langer Dauer war, so waren doch unsere Skorbutkranken alle genesen. Da der Kapitän aber schwer am Gallenfieber darniederlag, sehnten wir die Marquesasinseln herbei, auf die wir jetzt zusteuerten. Die Lage begann nach einigen Tagen recht kritisch zu werden, weil unsere frischen Nahrungsmittel ausgegangen waren und wir von dem elenden Pökelfleisch leben mußten, das während der diesjährigen Reise jede Kraft und jeden Geschmack verloren hatte.

Endlich erblickten wir am 6 April eine kleine Insel. Als wir näher herangekommen waren, erkannten wir die von den Spaniern als Dominica, San Pedro und Santa Christina bezeichneten Inseln. Die steile Insel, die Cook zuerst erkannt hatte, nannte er dem Seemann zu Ehren, der sie als erster vom Schiff gesichtet hatte, Hood-Insel. Den Spaniern war diese Insel entgangen. Am Nachmittag kamen wir zwischen dem südlichen Ende von Dominica und dem nordöstlichen Teil von Santa Christina hindurch. An der Westseite von Santa Christina war ein reizender Hafen. Als wir landen wollten, brach der Sturm unsere Bramstange, und wir entgingen nur mit knapper Not der Strandung. Glücklicherweise faßte der Anker bald Grund, so daß wir an den Eingang des Hafens zu liegen kamen. Der heftige Windstoß hatte ungefähr 15 Kanus aus den verschiedenen Gegenden der Insel losgerissen und auf unser Schiff zugetrieben. Einige von ihnen waren doppelt und mit 15 Ruderern, andere kleinere hingegen mit etwa 3-7 Mann besetzt. Die Eingebornen boten uns, wie auf den Societätsinseln, einige Pfefferwurzeln als Freundschaftszeichen an und erst, als wir diese im Tauwerk befestigt hatten, kamen sie an Bord und tauschten mit uns.

Es waren schöne Leute von gelblicher oder hellbrauner Farbe, die aber durch Punkturen ins Schwärzliche zu fallen schien. Sie gingen völlig nackt und hatten lediglich ein kleines Stück Tapa um die Hüften. Die Sprache dieser Leute war der tahitischen ähnlich, nur mit dem Unterschied, daß sie kein R aussprechen konnten. Ihre Boote waren sehr schmal und bestanden aus leicht zusammengenähten Brettern. Die Ruder waren wie die tahitischen, aber oben am Griff mit einem Knopf versehen. Gegen Abend fuhren die Kanus alle wieder dem Lande zu.

Am kommenden Morgen handelten wir gegen Nägel und andere Eisenwaren Pisang- und Brotfrüchte ein, die die Eingebornen von den Bergen herabgebracht hatten. Die Männer waren alle wohlgewachsen; kein einziger war so dick wie auf Tahiti oder so abgezehrt wie auf der Osterinsel. Der ganze Körper war vom Kopf bis zum Fuß tatauiert, und zwar mit übereinstimmenden regelmäßigen Zieraten, die aber weder Tier- noch Pflanzenbilder darstellten, sondern Flecken, Kreise, Würfel und Striche waren. Diese Punktierungen scheinen gewissermaßen die Kleidung zu vertreten. Manche von den Einwohnern trugen ein Diadem auf dem Kopfe. Es war aus Kokosfasern geflochten, und außen waren zwei runde, ziemlich große Perlmutterstücke mit einem durchbrochen gearbeiteten Schildkrötenstück darauf befestigt. Hinter diesen runden Scheiben ragten zwei Büsche von schwarzen glänzenden Hahnenfedern empor. Einige andere trugen runde Kronen von kleinen zusammengebundenen Fregattvogelfedern, wieder andere einen Reif, von dem verschiedene Reihen geflochtener Kokosfasern ungefähr zwei Zoll lang und zum Teil schwarz gefärbt um den Kopf standen. In den Ohren hatten sie zwei flache ovale 3 Zoll lange Holzstücke, die das ganze Ohr bedeckten und mit Kalk weiß bemalt waren. Die Befehlshaber trugen eine Art Ringkragen, der vorn auf der Brust herabhing. Er bestand aus kleinen Stücken eines leichten Holzes, die in einem Halbkreis angeordnet waren. Kleine rote Bohnen der Paternostererbse waren in vielen 2-3 Zoll langen Reihen mittels Harz darauf geklebt. Wem dieser Zierat fehlte, der trug eine einfache Schnur mit einer polierten, in Form eines Zahnes zugeschnittenen Muschelschale. Außerdem hatten sie Büschel von Menschenhaaren mit Schnüren um den Leib, Arme, Knie und Schenkel gebunden. Trotzdem dieser Schmuck sehr von Ungeziefer bevölkert war, so schätzten sie ihn doch sehr hoch; entweder stammte er von lieben Verstorbenen oder von erschlagenen Feinden.

Am folgenden Morgen sahen wir sieben Kanus von Dominica neben dem Schiff eintreffen, während verschiedene von der hiesigen Insel Santa Cristina die Straße hinaufruderten. Maheine fand wegen der Ähnlichkeit der Sprache und der sonstigen Sitten an den Einwohnern großen Gefallen. Er zeigte ihnen verschiedene Gebräuche seines Landes, die sie hier nicht kannten; z.B. wie man auf Tahiti mit zwei trockenen Stücken Holz Feuer reibt. Die roten Federn von Tongatabu standen hier sehr hoch im Wert, und es war möglich, viele Waren dafür einzutauschen. Heute bekamen wir endlich auch eine Frau zu sehen. Sie war den Tahiterinnen durchaus ähnlich und war auch wie diese in ein Stück Baumrinde gekleidet.

Auf einem Ausflug entdeckten wir Wohnhütten der Eingebornen. Im Vergleich zu den hohen Häusern auf den Societätsinseln machten sie einen elenden Eindruck. Sie standen auf einer erhöhten Plattform aus Steinen, die auch den innern Fußboden ausmachten. Sie waren aber keinesfalls glatt gelegt; geflochtene Matten sollten das Ruhelager weich und bequem gestalten. Die Wände rundumher bestanden aus Bambusrohren, die auf dieser Steinunterlage errichtet und miteinander verbunden waren. An der Menge des Rohres hatten es die Leute nicht fehlen lassen, die Höhe betrug 5-6 Fuß. Das Dach bildeten dünne Stöcke, die mit Blättern des Brotfruchtbaumes und des Rattabaumes bedeckt waren. Die Länge der Hütte betrug ungefähr 15, die Breite nur 8-10 Schuh. Da die Grundlage der Hütten aus Stein ist, läßt sich vermuten, daß das Land zu gewissen Zeiten von starken Regengüssen und Überschwemmungen heimgesucht wird. Der Hausrat bestand aus großen hölzernen Trögen, in denen Stücke von Brotfrucht in Wasser eingeweicht waren.

Das Wetter war heute außerordentlich heiß, es trugen deshalb viele der Eingebornen aus Gras geflochtene, mit Kalk weiß bemalte Fächer bei sich, um sich Kühlung zuzufächeln. Andre hatten statt eines Sonnenschirms große mit Federn besetzte Palmenblätter.

Als wir aufs Schiff zurückkamen, fanden wir es von zahlreichen Kanus umgeben, die Schweine und Pisangs zum Verkauf anboten. Die Eingebornen kamen in großer Anzahl an Bord und tanzten und musizierten unsern Leuten etwas vor. Die Musik war genau wie die auf Tahiti, sie schlugen auch dieselben Trommeln wie dort. Ihre Kanus ähnelten ebenfalls stark den tahitischen. Auf dem Vorderteil sah man gewöhnlich ein aufrechtstehendes Holz mit einem grobgeschnitzten Menschengesicht verziert. Ihre dreieckigen Segel waren aus Matten. Die Ruder waren kurz, unten spitz und oben am Griff mit einem Knopf versehen.

Am folgenden Tag lichteten wir die Anker und verließen nach einem beinahe viertägigen Aufenthalt die Insel. Leider hatte uns der kurze Aufenthalt keine Zeit gelassen, die Eingebornen genauer kennenzulernen. Wir steuerten von Santa Cristina nach Südsüdwest, später nach Südwest und legten des Nachts bei, weil wir in Nähe des Archipels der Flachen Inseln waren, der von jeher als eine gefährliche Gegend der Südsee gilt. Am 17. April entdeckten wir die erste davon, die von Byron König-Georg-Insel genannt worden war. Sie ist sehr flach und besteht aus einem elliptischen Riff, das da und dort mit Kokospalmen besetzt war. Da, wo keine Bäume standen, war das Riff so niedrig, daß die See in das Innere des Landes, das von einem See erfüllt war, schlug. [Es handelt sich hier um eine Koralleninsel mit einer Lagune.] Auf dem Landsee fuhren einige Segelkanus, zwischen den Bäumen stieg Rauch empor, und am Strand liefen bewaffnete Eingeborne herum. Einige Frauen mit Bündeln auf dem Rücken sahen wir in entferntere Gegenden flüchten. Wir entdeckten eine Einfahrt am südwestlichen Ende der Insel und setzten ein Boot aus, um sie zu vermessen und auszuloten. Die Einwohner hatten sich mittlerweile versammelt und Kokosnüsse gebracht, die sie gegen Nägel abgaben. Das freundliche Benehmen der Eingebornen veranlaßte meinen Vater, Dr. Sparrmann und mich, an Land zu fahren. 60-70 Einwohner von schwarzbrauner Farbe mit Punkturen auf Brust, Bauch und Händen, die Fische darstellten, waren zusammengekommen. Sie hatten ein ganz kleines Stück Tapa um die Hüften gewickelt und gingen im übrigen nackt. Die Frauen, die wir nur aus der Ferne sahen, hatten eine bis zu den Knien reichende schürzenartige Kleidung.

Sobald wir gelandet waren, umarmten sie uns und begrüßten uns wie die Neuseeländer durch gegenseitige Berührung der Nasen. Wir fanden hier unter den Pflanzen eine Art Kresse; die Einwohner gaben uns zu verstehen, daß sie diese zerquetscht und mit dem Fleisch einer Muschel vermischt in die See würfen, worauf die Fische betäubt an die Wasseroberfläche kämen und sich bequem mit der Hand fangen ließen. Diese Pflanze nennen sie E-Nau. Außerdem fanden wir viel Portulak, von den Eingebornen E-Turi genannt, der wie auf den Societätsinseln unter der Erde gedünstet gegessen wird. Wir trafen auch auf einige verlassene Hütten, die aber nur klein und niedrig waren. Das Dach war aus Kokosnußblättern geflochten. Die Wetterdächer für ihre Kanus waren aus gleichem Material und von ähnlicher Bauart, aber etwas größer. Die Boote selbst waren nur kurz, jedoch an beiden Seiten stark zugespitzt und mit einem scharfen Kiel versehen.

Wir mischten uns unter die Bevölkerung und konnten uns durch Vermittlung unseres Reisegefährten Maheine mit den Leuten verständigen. Ihre Sprache hatte eine große Ähnlichkeit mit der tahitischen, nur war die Aussprache härter und geschah mehr durch die Gurgel. Die Eingebornen hatten teils lange Keulen, teils kurze Knüppel und Speere, die oft 14 Fuß lang und oben mit dem Schwanzstachel des Rochens versehen waren. Aus ihren Sitten und Gebräuchen, besonders aber auf Grund ihrer Sprache läßt sich schließen, daß sie mit der Bevölkerung der benachbarten Insel verwandt sind.

Wir hatten von den Bewohnern nicht mehr als 30 Kokosnüsse und 5 Hunde eintauschen können und schifften uns deshalb wieder ein. Die Fahrt ging in diesem gefährlichen Archipel nur unter größter Vorsicht vonstatten. Während der Nacht kamen wir wieder an einer Insel vorbei, die bereits Byron entdeckt hatte, und auch am folgenden Morgen trafen wir noch mehrfach auf Koralleninseln. Eingeborne mit langen Speeren liefen am Ufer hin und her, und auf dem Landsee segelten Knaus. Am Abend sahen wir eine dritte Insel, die Cook Palliser-Insel nannte. Wir steuerten nun südwestwärts in gerader Richtung auf Tahiti zu. Wir alle waren in froher Stimmung, war doch Tahiti uns zur zweiten Heimat geworden. Bereits am folgenden Morgen erblickten wir die Gestade dieses uns liebgewordenen Eilands.

9. Tahiti im Zeichen des Krieges.

Wir waren kaum vom Lande bemerkt worden, als schon verschiedene Kanus mit Früchten und Geschenken kamen, uns zu bewillkommnen. Unter den ersten, die an Bord kamen, waren zwei etwas im Range höherstehende Eingeborne, die sogleich mit Maheine Bekanntschaft schlossen und ihn der Landessitte gemäß mit Geschenken bedachten. Sie zogen ihre Oberkleider aus und legten sie Maheine an, der seinerseits wieder rote Federn als Gegengabe darbot. Um 8 Uhr morgens ankerten wir in der Matawaibucht. Sogleich war eine ganze Flottille von Booten um uns her, die alle Nahrungsmittel, besonders Fische, zu Markt brachten. Sie hatten diese lebendig in einem Trog, der zwischen den Doppelbooten unter Wasser befestigt und, damit dieser freien Durchgang hatte, vorn und hinten mit einem Flechtwerk von Baumzweigen versehen war.

Maheine war an Land gefahren, um seine Schwester namens Tai-oa aufzusuchen, die mit einem vornehmen Mann aus Raiatea namens Nuna verheiratet war. Am Nachmittag waren mein Vater und Dr. Sparrmann an Land gegangen, um Happai, den Vater des Königs, zu besuchen. Unterwegs hatten sie die beiden Ziegen, die Kapitän Furneaux dem König geschenkt hatte, mit zwei erwachsenen Jungtieren gesehen. Am 24. April besuchte uns der König Tu mit seiner Schwerster Taurai und seinem Bruder. Er brachte etliche Schweine mit und bekam dafür Beile. Sie fragten sehr begierig nach den roten Federn, die sie Ura nannten. Diese Federn braucht man hierzulande besonders zur Ausschmückung der Kriegskleider. Auch späterhin kamen noch mehrere hochgestellte Persönlichkeiten, die alle nach roten Federn verlangten.

Am folgenden Morgen gingen wir an Land; hier erwartete uns eine große Überraschung. Am Ufer lag eine große Flotte von Kriegskanus vor Anker, die mit Ruderern und Kriegsleuten bemannt war. Die Soldaten waren mit Brustschilden und hohen Helmen versehen. Tohah, der Admiral der Flotte, begrüßte uns. Wir zählten nicht weniger als 159 große Doppelboote von 50-90 Fuß Länge. Sie bestanden aus zwei Bootskörpern, die durch 15-18 starke Querbalken verbunden waren. Sie ragten z.T. Weit über das Verdeck hinaus und bildeten so eine Plattform, die oft 50-70 Fuß lang war. Vorder- und Hinterteil standen zuweilen 20 Fuß hoch über Wasser. Letzteres hatte die Gestalt eines krummgebogenen Vogelschnabels und pflegte auf verschiedene Weise geschnitzt zu sein. Einige Kanus führten Wimpel, die entweder weiß oder gestreift und mit roten Feldern ausgezeichnet waren. Wie wir später erfuhren, dienten sie den einzelnen Divisionen als Unterscheidungszeichen. Auf dem Heck stand ein schön geschnitzter hoher Pfosten, dessen oberes Ende eine Menschenfigur darstellte. Das Gesicht war gewöhnlich durch Bretter wie mit einem niedergeklappten Hut verdeckt, zuweilen auch rot angemalt. Die Pfosten waren dann noch gewöhnlich mit schwarzen Federbüschen ausgeziert, und lange Streifen von aufgereihten Federn hingen daran herunter. Die Höhe des Bordes, d.h. der Seitenwände in der Mitte des Fahrzeuges, betrug 2 bis 3 Fuß über Wasser. Doch waren die Boote nicht immer gleich gebaut, denn einige hatten platte Böden mit senkrecht darauf emporstehenden Seiten, andere hingegen waren gewölbt und hatten einen scharfen Kiel. Gegen das Vorderteil der Kanus waren für die Kriegsleute auf 4-6 Fuß hohen und gewöhnlich mit Schnitzwerk gezierten Pfosten Gerüste aufgerichtet. Diese pflegten ziemlich weit über das ganze Kanu hinauszuragen, sie waren 20-24 Fuß lang und ungefähr 8-10 Fuß breit. Auf dieser Plattform standen die Krieger, gewöhnlich 15-20 Mann. In der Vertiefung des Schiffsteils saßen die Ruderer. Es gab Boote, die bis 144 Ruderer führten.

Die Kleidung der Kriegsleute war das Sonderbarste dabei. Sie hatten drei große Stück Tapa mit einem Loch für den Kopf in der Mitte übergezogen. Das unterste und längste war weiß, das zweite rot, das oberste und kürzeste braun. Ihre Brustschilde waren geflochten und mit Haifischzähnen und Federn zierlich besetzt. Diesen Schmuck hatten fast alle, während die wenigsten Helme trugen. Die Helme waren außerordentlich groß, beinahe 5 Fuß hoch. Sie bestanden aus einem walzenförmigen Korb, dessen Vorderseite durch dichtes Flechtwerk verstärkt war. Diese Vorderplatte wurde nach oben zu breiter und hing nach vorn über. Sie war ganz dicht mit blaugrünen

Taubenfedern besetzt, die wieder mit weißen Federn eingefaßt waren. Vom Rande aus verbreiteten sich strahlenförmig die langen Schwanzfedern eines tropischen Vogels, so daß es von fern aussah, als sei das Haupt des Kriegers von einem Glorienschein umgeben. Damit der schwere Helm nicht auf den Kopf drückte und gleichzeitig festsaß, wurde eine Art Turban aus Zeug darunter getragen. Dieser Kopfputz war nur zum Staat da und wurde im Kampfe abgenommen. Die vornehmsten Befehlshaber trugen als Rangabzeichen lange und runde Schwänze aus grünen und gelben Federn auf dem Rücken herunterhängend. Tohah, der bereits erwähnte Admiral, trug fünf derartige Federschwänze, an denen unten noch einige Kokosschnüre mit roten Federbündeln hingen. Statt des Helms trug er einen schönen Turban.

Wir besichtigten die Schiffe genauer und fuhren in einem Boot an die Flotte heran. Da sahen wir in jedem Kriegskanu große Bündel von Speeren und lange Keulen liegen. Außerdem war in jedem Fahrzeug nach ein großer Haufen von Wurfsteinen; sie bildeten die einzige Fernwaffe dieser Leute. Nächst den 159 Doppelbooten zählten wir noch 70 kleinere, auch meistens Doppelboote, die den Befehlshabern entweder als Wohnschiffe oder auch als Proviantschiffe der Flotte beigegeben waren. Auf einigen Booten lagen Pisangblätter; diese waren nach Aussage der Eingebornen für die Toten bestimmt. Sie wurden von ihnen als E-wa-no-t' Etua (Kanu der Gottheit) bezeichnet. Nach einem sehr mäßigen Anschlag mußte die Flottenbesatzung wenigstens 1500 Krieger und 4000 Ruderer umfassen.

Durch einen höherstehenden Eingebornen erfuhren wir, daß diese ganze Rüstung, die nur von dem Distrikt Atahuru stammte, gegen die Insel Eimeo gerichtet war, dessen Befehlshaber, ein Vasall des Königs O-Tuh, sich empört hatte. Diese Angabe läßt uns die ungefähre Bevölkerungszahl der Insel schätzungsweise mit 120 000 nicht zu hoch gegriffen erscheinen. Beide Inseln sind ja in nicht weniger als 43 Distrikte geteilt.

Wir hatten in den folgenden Tagen unglaubliche Mengen Nahrungsmittel angeboten bekommen, eine Folge – der roten Federn. Das ging noch weiter. Der Admiral Tohah kam eines Tages und verkaufte seinen Helm – gegen rote Federn, andere brachten ihre Brustschilde, und was uns noch mehr wundernahm, man verkaufte uns auch die so sonderbaren Trauerkleider! Der Oberteil dieser Gewänder besteht aus einem flachen dünnen Brett, das halbmondförmig gestaltet, 2 Fuß lang und 4-5 Zoll breit ist. Darauf sind 4 bis 5 Perlenmutterschalen mit Kokosfasern festgebunden. Eine größere Muschel dieser Art, mit blaugrünen Taubenfedern eingefaßt, befindet sich an den beiden äußersten Enden dieses Brettes, die wie die Hörner des Halbmondes nach aufwärts gerichtet sind. Mitten auf dem Brett sind zwei große Muscheln befestigt, die einen Kreis von ungefähr 6 Zoll im Durchmesser bilden, und über diese ragt ein großes Stück Perlmutterschale hervor, das gewöhnlich noch seine äußere Purpurfarbe zu haben pflegt. Es ist 9-10 Zoll hoch und oben breiter als unten. Ringsumher schmücken es die wie Strahlen erscheinenden Vogelfedern. Vom untern Rand des halbmondförmigen Brettes hängt eine Art Schürze herab, die aus Reihen kleiner Perlmutterstückchen besteht. An den Enden einer jeden solchen Schnur ist nochmal ein Faden mit Schneckendeckeln angeknüpft. Von den beiden obersten Enden des Brettes hängen Schwänze von gelben und grünen Federn herab. Dieser ganze Putz wird so am Kopf des Leidtragenden befestigt, daß er vor dem Gesicht herabhängt. Die Schürze bedeckt Brust und Unterleib, das Brett kommt vor den Hals und die Schultern, die Muscheln kommen gerade vor das Gesicht. Die obersten Muscheln mit dem Federkranz sind wenigstens 2 Fuß höher als der Mann. Auch die übrige Trauerkleidung ist recht bemerkenswert. Der nächste Verwandte des Verstorbenen, der diese Tracht trägt, hat außer dem genannten Putz noch zwei Stücke Tapa überzuhängen, die in der Mitte ein Loch für den Kopf haben und von denen das eine bis auf die Füße herabhängt. Dieser Teil ist außerdem noch reihenweise mit Knöpfen aus Kokosnußschale besetzt. Ein rundgedrehter Gürtel aus braunem und weißem Zeug schürzt diese Hemden um die Hüften. Auf dem Rücken hängt ein netzartiger Mantel herunter, der mit großen blauen Federn dicht besetzt ist. Ein aus braun und gelbem Zeug verfertigter Turban, von dem noch über Hals und Schultern abwechselnd braune, gelbe und weiße Zeugstreifen fallen, vermummt den Kopf vollständig.

In der Hand trägt der betreffende Trauernde ein Paar große Perlmutterschalen, mit denen er beständig klappert. In der andern Hand führt er einen mit Haifischzähnen besetzten Stock, mit dem er alle Leute verwundet, die ihm in den Weg kommen. Was für eine Bedeutung dahintersteckt, konnten wir nicht ermitteln, vermutlich doch um Schrecken zu erregen.

Am 12. Mai veranstalteten wir dem König zu Ehren ein Feuerwerk; am folgenden Tag war der Zulauf von Menschen sehr groß, weil sie merkten, daß wir uns zur Abreise rüsteten. Am Nachmittag besuchten wir noch unseren Freund Tohah, der an der Gicht schwer erkrankt war. Trotz seiner Krankheit besuchte er uns am nächsten Tag an Bord, um Abschied zu nehmen. Maheine, der sich auf Tahiti verheiratet hatte und hier zu bleiben gedachte, wollte mit uns noch bis Raiatea fahren, um seine Freunde und Verwandten in den Societätsinseln der Reihe nach zu besuchen. Auf verschiedenen Inseln hatte er Besitzungen, die er verkaufen wollte. Sein Bruder aus Borabora begleitete ihn.

Da O-Tuh nicht an Bord gekommen war, statteten wir ihm einen Besuch ab. Bei dieser Gelegenheit fanden wir am Gestade vom O-Parre 47 Kriegskanus vor Anker, die zu dem kleinsten Distrikt Tittahah der nordwestlichen Halbinsel gehörten. O-Tuh ließ einige Flottenmanöver ausführen, die zu unserer Verwunderung mit großer Fertigkeit vor sich gingen. Die Befehlshaber waren alle in ihren Kriegsrüstungen mit Brustschilden, aber ohne Helme. Einige junge Knaben waren auch als Krieger gekleidet. Mehrere Kanus mußten im Rudern Evolutionen machen. Sie passierten eins nach dem andern die schmale Einfahrt des Riffes, und sobald sie innerhalb desselben waren, formierten sie eine Linie und schlossen dicht aneinander auf. Auf dem mittelsten Kanu stand ein Mann hinter dem Streitgerüst, der den Ruderern mit einem grüne Zweig Signale gab, ob sie rechts oder links wenden sollten.

O-Tuh kam später noch an Bord und machte meinem Vater und Herrn Hodges den Vorschlag, in Tahiti zu bleiben; er wollte sie zu Eris machen und mit den Distrikten Matawai und O-Parre betrauen. Unmittelbar darauf lichteten wir die Anker und stachen in See.

10. Die Errioys auf den Societätsinseln.

Ein scharfer Wind führte uns schnell von Tahiti weg. Nachdem wir die ganze Nacht hindurch gesegelt waren, lag am folgenden Morgen die Insel Huaheine vor uns. Am Nachmittag ankerten wir im Marrehafen. Eingeborne, unter ihnen der Befehlshaber Ori, brachten Schweine und einige Früchte. Wir lagen diesmal so nahe am Ufer, daß wir das Tun und Treiben der Eingebornen am Lande beobachten konnten. So sahen wir, wie sie vertraulich in ihren Hütten saßen und beim Schein einer Lampe, die aus öligen, auf einem dünnen Stock gespießten Nüssen bestand, plauderten. Am folgenden Tag bestiegen wir einen Berg, der ganz mit Pfeffer-, Brotfrucht- und Maulbeerbäumen, mit Jams und Kolokasien bepflanzt war. Die Maulbeerbäume waren mit besonderem Fleiße gepflegt, der Boden zwischen ihnen war sorgfältig gejätet und teils mit zerbrochenen Muscheln, teils mit Korallen gedüngt. Außerdem war die ganze Pflanzung mit einem tiefen Graben umzogen, damit das Wasser ablaufen konnte. An manchen Stellen hatte man auch das Farnkraut und Gesträuch niedergebrannt, um den Boden von neuem zu bestellen.

Am Abend fand ein Hiwa statt, in der die Geschichte eines entlaufenen Mädchens lächerlich gemacht wurde. Die letzte Szene, die Aufnahme bei den Eltern, fiel gar nicht schmeichelhaft aus. Es schien dieses Stück eine Satire zu sein, die andere Mädchen vor ähnlichen unbesonnenen Taten warnen sollte. Am folgenden Tag, 20. Mai, gingen wir nachmittags an Land und kamen an ein großes Haus, das gleich einer Karawanserei von verschiedene Familien bewohnt wurde. Sie waren hierhergekommen, um uns näher zu sein. Einige Befehlshaber von geringerem Range befanden sich darunter.

Am 24. Mai ankerten wir bei Raiatea im Hafen von Hamaneno. Am nächsten Morgen begleiteten wir den Kapitän zu Orea, dem Oberbefehlshaber dieser Insel. In seinem Hause trafen wir seine Frau und Tochter an. Beide Frauen weinten bei unserem Eintritt; die Mutter verwundete sich mit einem Haifischzahn am Kopf und fing das Blut mit einem Stück Zeug auf. Es dauerte jedoch nicht lange, so wurden beide wieder lustig, als wenn nichts vorgefallen wäre. Am Nachmittag machten wir einen Spaziergang längs des Strandes der Bucht entlang. Unzählige Kanus waren an Land gezogen, und jedes Haus war gepfropft voll Menschen. Sie waren gerade bei der Mahlzeit, und die hoch aufgestapelten Vorräte zeigten an, daß es an nichts fehlte.

Wir wußten, daß es auf diesen Inseln eine besondere Gesellschaft gab, die Errioys, zu denen Männer und Frauen gehörten, und die jede Insel nacheinander besuchten, wobei große Feste gefeiert wurden. Es mochten hier etwa 700 Errioys sein, die mit einigen 70 Kanus von Huaheine nach Raiatea übergesetzt waren. Es waren alles Leute von Ansehen, einige hatten große punktierte Flecken auf der Haut. Wie Maheine uns mitteilte, sollten dies die angesehensten Mitglieder der Gesellschaft sein. Maheine sagte uns, daß auch er dieser Gesellschaft angehörte. Die Mitglieder helfen sich untereinander in jeder Weise aus, wie es eben nur durch die engsten Freundschaftsbande gewährleistet werden kann. Maheine erzählte uns, daß die beiden jungen Leute, die ihn zu Tahiti gleich bei Ankunft des Schiffes mit Kleidung beschenkt hätten, ebenfalls Errioys waren. Von jeder Familie scheinen eine oder mehrere Personen dieser Gesellschaft anzugehören, deren wunderliches Gesetz ist, daß keines ihrer Mitglieder Kinder haben darf. Die unglücklichen Kinder werden gleich nach der Geburt umgebracht. Während es in anderen Ländern eine Ehre ist, Vater zu sein, wird diese Bezeichnung auf Tahiti als Schimpf angesehen.

Zu gewissen Zeiten halten sie Versammlungen ab und reisen dann von einer Insel zur andern. Dabei werden ungeheure Mengen von Früchten, Schweinen und Hunden verzehrt, die die Tautaus, ihre geringste Klasse, zur Bewirtung herbeischaffen müssen. An einer guten Portion des berauschenden Pfeffertrankes darf es natürlich auch nicht fehlen, denn diese Herren zechen gern und huldigen dabei auch gern sinnlichen Freuden. Musik und Tanz, der besonders nachts ungebührlich ausschweifend sein soll, bilden ihren Hauptzeitvertreib. Nur die Mitglieder haben dabei Zutritt.

Maheine hatte uns schon oft von seinem Landbesitz erzählt, und so lud er uns denn für den nächsten Tag auf seine Besitzung ein. Wir fuhren also in zwei Booten nach dem ihm zuständigen Distrikte

Wharai-te-Wah. Von hier führte uns Maheine mit seinen beiden älteren Brüdern in ein geräumiges Haus, wo Anstalten zu einer großen Mahlzeit getroffen wurden. Drei Männer ergriffen ein ungefähr fünfzig Pfund schweres Schwein, legten es auf den Rücken und erstickten es, indem sie ihm quer über den Hals einen dicken Stock legten und diesen an jeder Seite mit ihrer ganzen Körperschwere niederdrückten. Der dritte hielt währenddessen die Hinterbeine. Um alle Luft im Leibe zu verschließen, stopfte er dem Schwein ein Büschel Gras in den Hintern. Nach zehn Minuten war das Schwein tot. Während dieser Zeit hatten zwei andere Feuer gemacht, um den sogenannten Ofen durchzuheizen. Dieser bestand aus einer Erdgrube, in die eine Menge Steine gepackt waren. An diesem Feuer wurde das tote Schwein gesengt, und um es ganz rein zu machen, trug man es an den Strand, rieb es hier mit Sand und Kieseln ein und spülte es sauber ab. Dann wurde es zurückgebracht, auf frische Blätter gelegt, um nun auch innen gereinigt zu werden. Der Bauch wurde geöffnet, der äußere Speck abgelöst, auf die Seite gelegt und dann die Eingeweide herausgeschnitten. Letztere wurden sogleich in einem Korb weggetragen und auch nicht wieder zum Vorschein gebracht. Zuletzt nahmen sie das Blut und das innere Fett heraus, jenes wurde auf grüne Blätter, dieses aber zu dem schon vorher abgesonderten Speck geschüttet. Nachdem das Schwein nochmals von außen und innen mit frischem Wasser abgewaschen war, steckten sie einige heiße Steine in den Bauch und stopften frische Blätter dazwischen. Mittlerweile war der Erdofen genügend durchgeheizt. Man nahm also das Feuer und die Steine bis auf die unterste Schicht weg. Auf diese wurde das Schwein mit dem Bauch gelegt, Fett und Speck aber wurden nach sorgfältiger Reinigung in einem Trog von Pisangholz daneben gestellt. In das Blut warf man einen heißen Stein, damit es gerinnen sollte. Dann wurden kleinere Portionen davon in Blätter gewickelt und auch diese nebst einer Menge Brotfrucht und Pisang in den Ofen gebracht. Hierauf bedeckten sie alles mit frischem Laube, sodann mit dem Rest der geheizten Steine. Über dies kam wieder eine Blätterschicht und darauf noch Steine und Erde. Während das Gericht im Ofen schmorte, deckten die Leute den Tisch, d.h. sie breiteten an einem Ende des

Hauses grüne Blätter auf der Erde aus. Nach zwei Stunden wurde der Ofen geöffnet, das Gericht war fertig. Wir setzten uns um das Blättertuch. Während wir das Schwein vorgesetzt bekamen, delektierten sich die Eingebornen an dem Fett. Kaum war das Schwein zerlegt, so fielen die Befehlshaber und Errioys darüber her und verschlangen ganze Hände davon auf einmal. Alle unsere Tischgenossen aßen mit großer Gier, die armen Tataus mußten jedoch zusehen. Die Frauen bekamen wohl etwas davon, wickelten es aber in Blätter ein und verzehrten es an einem abgesonderten Platz. Um 5 Uhr nachmittags kehrten wir wieder nach dem Schiff zurück.

Am folgenden Morgen kamen die Eingebornen noch haufenweise ans Schiff, denn sie wußten, da wir in einigen Tagen – es war der 4. Juni vorgesehen – abreisen wollten. Sie boten ihre Waren sehr wohlfeil an und nahmen, da wir fast keine Beile mehr hatten, selbst schlecht gefertigte Klingen aus eisernen Tonnenreifen an. Wir hatten aber noch das Glück, einen Tata-o-Rerro kennenzulernen, einen Mann, der mit der Religion, Mythologie und Sternkunde wohlbewandert war. Unser Gewährsmann hieß Tutawai. Aus seinen Ausführungen entnahmen wir, daß die Religion auf dieser Insel ein System der Vielgötterei ist. Doch glauben die Einwohner der Societätsinseln noch an ein höchstes Wesen, das alles erschaffen hat. Auf Tahiti und Eimeo heißt es O-Ruahattu, auf Huaheine ist es Tane. Das Meer wird ihrer Meinung nach von 13 Göttern beherrscht. Doch soll nur einer, und zwar O-Marreo das Meer erschaffen haben. Ebenso ist es mit der Sonne. Diese soll von O-Mauwe, einem mächtigen Gott, der Erdbeben verursacht, erschaffen worden sein, aber von einer anderen Gottheit bewohnt und regiert werden. Zu dieser gehen ihrer Meinung nach die Seelen der Verstorbenen, denn sie glauben, daß jeder Mensch ein besonderes Wesen, Ti genannt, in sich habe. Es lebt nach seinem Tode weiter in den hölzernen Bildern, die um den Begräbnisplatz stehen. Der Mond soll durch eine weibliche Gottheit erschaffen worden sein. Sie heißt O-Hinua und wohnt in den allgemein sichtbaren Flecken. Die Frauen singen oft ein Lied, das sich darauf bezieht:
Das Wölkchen in dem Monde,

Das Wölkchen liebe ich!

Die Sterne wurden von der Göttin Tetu-Matarau hervorgebracht, der Wind vom Gott Orri-Orri. Außer diesen Gottheiten haben sie noch eine Menge von geringerem Range, die aber nur Unheil stiften und die Menschen im Schlafe töten. Diese werden bei den vornehmsten Marais durch die Priester verehrt.

An die Götter richtet man leise gesprochene Gebete. Der Priester sieht dabei gen Himmel und glaubt, daß nun der Gott zu ihm herabkomme und mit ihm rede, dabei dem Volk aber unsichtbar bleibe und auch nicht bei der Allgemeinheit, sondern nur vom Priester verstanden werde. Den Göttern opfert man häufig Schweine, Hühner und andere Lebensmittel. Der Kapitän konnte bei einem seiner Ausflüge jedoch auch in Erfahrung bringen, daß Menschen, und zwar taata-ino „böse Menschen" geopfert werden. Cook glaubt, daß es Menschen sind, die sich nicht durch Geschenke von ihren Übeltaten freikaufen können. Über diese Sitte konnten wir wegen mangelnder Kenntnis der einheimischen Sprache nicht genügend Klarheit verschaffen. Omai, den ich darüber später befragte, sagte, daß es auf den Hohenpriester ankomme, wen er als Opfer wählt. Wenn das Volk versammelt ist, geht er allein in das Gotteshaus und bleibt da eine Zeitlang. Sobald er wieder heraustritt, erzählt er, er habe den großen Gott gesehen und gesprochen – es ist ein Vorrecht, das allein dem Hohenpriester zusteht – und dieser verlange ein Menschenopfer. Er nennt darauf das Opfer mit Namen; vermutlich ist es stets eine Person, der der Priester nicht wohlwill. Diese wird dann getötet, und wenn es nötig sein sollte, wird der Priester so viel Verschlagenheit besitzen, dem Volke weiszumachen, daß der Betreffende ein „Bösewicht" gewesen sei. Außer den Opfern sind den Gottheiten noch Pflanzen und Vögel geweiht, doch werden sie nicht von allen Leuten gleich in Ehren gehalten. Auch ist zu bemerken, daß verschiedene Inseln z.B. verschiedene Vögel heilighalten.

Die Priester bleiben lebenslang in ihrem Amt, und ihre Würde ist erblich. Der Hohepriester ist stets ein Eri und hat den nächsten Rang nach dem König. Sie werden bei wichtigen Angelegenheiten zu Rate gezogen. Außer den Priestern gibt es noch in jedem Distrikt ein bis zwei Lehrer oder Tataorrero, wie Tutawai einer war. Diese sorgen dafür, daß die Nationalkenntnisse der Geographie, Astronomie und Zeitrechnung nicht verlorengehen. Die Tahiter rechnen 14 Monate; die ersten sieben nennen sie zusammengenommen „uru", die Brotfruchtzeit. Wie sie aber die Monate berechnen und zu einem Jahr verschmelzen, ist uns nicht klar geworden. Der tahitische Name eines Lehrers wird auch denen beigelegt, die sich auf die Heilkraft von Kräutern verstehen, die bei der Krankenheilung Verwendung finden.

Kaum daß wir diese wichtigen Nachrichten von Tutawai eingezogen hatten, wurde auch schon der Anker gelichtet und die Insel verlassen. Wir schrieben den 4. Juni.

11. Fahrt nach den Freundschaftsinseln.

Der sechs Wochen lange Aufenthalt auf Tahiti und den Societätsinseln hatte alle Skorbutkranke geheilt. Nachmittags passierten wir die Insel Maurua und steuerten mit gutem Wind nach Westen. Am Morgen berührten wir die von Wallis entdeckte Lord-Howe-Insel, ein Korallenriff mit einem See in der Mitte. Der Lage nach muß es dieselbe sein, die von den Bewohnern der Societätsinseln Mopiha genannt wird. Sie liegt unter 16° 46' südlicher Breite und 154° 8' westlicher Länge. Sie schien unbewohnt zu sein. Am 11. Juni brachte uns der Wind in Westsüdwestrichtung vorwärts. Nach einigen windstillen Tagen entdeckten wir am 16. Juni eine andere niedrige Insel, die wir umsegelten, ohne einen Hafen zu finden. Wir nannten diese Insel Palmerston-Insel. Sie liegt unter 18° 4' südlicher Breite und 165° 10' westlicher Länge.

Von hier aus steuerten wir Westsüdwest und kamen am 20. an eine mit Wald und Gesträuch bedeckte niedrige Insel. Sieben bis acht Leute liefen am Ufer herum. Sie waren von schwarzer Hautfarbe und gingen nackend. Nur um den Kopf und die Hüften sahen wir etwas Weißes gewickelt. Jeder hielt einen Spieß, eine Keule oder eine Ruderschaufel in der Hand. An manchen Stellen lagen eine Menge kleine Kanus an den Strand gezogen. Das veranlaßte uns zum Landen. Zwei Boote wurden ausgesetzt, mein Vater und ich fuhren mit. Wir riefen von der Landungsstelle den Leuten in allen uns bekannten Südseesprachen zu, daß wir Freunde seien, und schließlich kam auch einer von ihnen zum Vorschein. Er hatte sich den Oberkörper bis zu den Hüften schwarz gemalt, trug einen Kopfputz von aufrechtstehenden Federbüschen und einen Speer in der Hand. Nicht lange danach sprang ein zweiter noch junger Mann hervor, der ebenso schwarz wie sein Landsmann aussah und in der rechten einen langen Bogen hielt, wie wir ihn auf Tongatabu gesehen hatten. In dem Augenblick, als wir ihn sahen, warf er auch schon einen Stein mit der linken Hand nach uns und zielte so gut, daß Dr. Sparrmann eine sehr empfindliche Wunde am Arm davontrug, trotzdem er mindestens 50 Schritt von dem Eingebornen entfernt stand. Mein Freund schoß sogleich eine Ladung Schrot auf ihn, glücklicherweise ohne zu treffen. Darauf verschwanden sofort die beiden Schwarzen. Wir bestiegen wieder die Boote, fuhren längs dem Strande hin und kamen schließlich an eine Bucht, die durch ein davor gelagertes Korallenriff geschützt war. Hier fanden wir vier Kanus auf den Strand gezogen, die mit denen von Tongatabu fast von einer Bauart waren. Sie waren mit etwas Schnitzwerk verziert, im ganzen aber doch einfach und nicht so sauber gearbeitet wie jene. Sie hatten dicke Stangenausleger und zum Teil Dächer aus Matten, unter denen Fischangeln, Speere und Stücke Holz lagen, wie sie des Nachts als Fackeln zur Fischerei verwendet werden. In jedes dieser Boote legte der Kapitän Perlen, Nägel und Medaillen als Geschenk für den Eigentümer. Währenddessen sah ich, wie ein Trupp von Eingebornen den Strand hinabkam. Zwei von ihnen, die ebenfalls schwarz bemalt waren und einen Kopfputz mit Federbüschen trugen, stürmten mit geschwungenen Lanzen und unter fürchterlichem Geschrei auf uns zu. Umsonst riefen wir ihnen in gütlichem Tone zu. Der Kapitän wollte feuern, doch versagte sein Gewehr. Uns ging es nicht viel anders. Dadurch bekamen die Eingebornen Mut und warfen zwei Speere nach uns, von denen der eine den Kapitän um ein Haar getroffen hätte, hätte er sich nicht schnell gebückt; der andere streifte meine Lende und hinterließ von seiner schwarzen Bemalung Spuren. Glücklicherweise ging jetzt mein Gewehr los, und ich traf den einen Mann. Daraufhin eröffnete die auf dem Riff postierte Bootsbesatzung auch das Feuer. Sie hatten bemerkt, wie während unseres Rückzuges ein zweiter Trupp von Eingebornen uns in den Rücken kommen wollte und uns abzuschneiden versuchte. Durch unser Feuer wurden sie aber zurückgehalten, und wir konnten wieder zu den Unsrigen stoßen. Wir gingen wieder in die Boote und wollten nichts mehr mit den Leuten zu tun haben.

Die Boote und Waffen dieser Eingebornen glichen denen auf Tongatabu; es scheinen also die Bewohner dieser beiden Inseln einerlei Ursprungs zu sein, doch ist ihre Anzahl nur gering und ihr Wesen noch ungesittet und wild. Die ganze Insel mag ungefähr drei Meilen lang sein, sie liegt unter 19° 1' südlicher Breite und 169° 37' westlicher Länge; wir nannten sie Savage-Insel.

Im folgenden Morgen segelten wir weiter gegen Westen und trafen bald auf A-Namoka oder Rotterdam, das 1643 von Tasman so genannt worden war. Es gehört zu den Freundschaftsinseln und bestand aus mehreren niedrigen Eilanden, die zusammen von einem großen Riff umgeben waren. Ein anderes gleiches Riff lag gegen Norden, zwischen beiden segelten wir hindurch. Diese Inseln ragten etwas höher über dem Meer empor als die Koralleninseln und waren mit Waldungen versehen. Sie mußten gut bewohnt sein, denn wir entdeckten schon am Strand eine Menge Häuser unter den Bäumen. Bald kamen die ersten Boote an und brachten Pisangs, Pampelmusen, auch einen Stengel voll roter Pandanusfrüchte, die hier als Freundschaftszeichen gelten. Sie überließen uns ihre Waren mit dem größten Zutrauen, als ob wir uns schon lange gekannt hätten. Am Nachmittag segelten wir auf die größte Insel, Namoka, zu. Wir gelangten um das südliche Ende an die Westseite dieser Insel, wo auch Tasman einst vor Anker gelegen hatte. Die zahlreichen Boote brachten uns außer Jams, Brotfrucht und den eben genannten Früchten auch lebende purpurfarbige Riedhühner herbei, ebenso fertig zubereitete Gerichte; so einen Seebrachsen, der in Blätter gewickelt und unter der Erde gedünstet war, eine ebenso zugerichtete Art fasriger Wurzel, deren nahrhaftes schwammiges Fleisch zuckersüß schmeckte. Die Kanus dieser Leute, die Menschen selbst, ihre Tracht und Sprache glichen vollkommen denen auf Tongatabu.

Cook ging am folgenden Morgen an Land, um einen Wasserplatz zu suchen.

Die Männer gingen hier fast ganz nackt. Ein schmaler Tapastreifen um die Hüften war ihre ganze Kleidung; nur wenige trugen, wie die Frauen, eine Art Weiberrock, ein Stück gefärbtes steifes Baumrindenzeug, das einige Male um die Hüften geschlagen war und von da bis auf die Füße reichte. Als die Eingebornen merkten, daß wir nach Nahrungsmitteln Verlangen trugen, drängten sich ganze Scharen von Verkäufern herbei. Auf einem Landausflug konnten wir uns auch von der Fruchtbarkeit dieses Fleckens Erde überzeugen; die ganze Insel sah durchaus einem Garten ähnlich. Die Pflanzungen waren hier nicht wie auf Tongatabu nach allen Seiten, sondern nur nach der Straße zu eingehegt. Das Landinnere war durch verschiedene, mit Hecken und Gesträuch bepflanzte Hügel verschönert. Die Häuser waren höchstens 30 Fuß lang, 7-8 Fuß breit und ungefähr 9 Fuß hoch. Ihre Bauart war insofern sonderbar, als die aus Rohr geflochtenen Seitenwände nicht senkrecht, sondern nach dem Boden zu enger zusammenliefen, auch selten über 3-4 Fuß Höhe hatten. Das mit Stroh gedeckte Dach ragte über die Seitenwände hervor und stieß oben schräg zusammen. Der Durchschnitt eines solchen Hauses hatte daher die Gestalt eines Fünfecks. In einer der langen Seitenwände befand sich etwa 18 Zoll über dem Boden eine Öffnung, die etwa zwei Fuß im Geviert haben mochte und zugleich Fenster und Türe war. Es schienen Vorratshäuser zu sein, denn in jedem fanden wir eine Menge großer Jamswurzeln auf den Boden geschüttet. Das hielt jedoch die Eingebornen nicht ab, ein paar Matten darüber zu breiten und darauf zu schlafen. Kopfstühle aus Holz sind wie auf Tahiti so auch hier bekannt. Außer den eben erwähnten Hütten gibt es noch freistehende Dächer, die nur auf Pfählen ruhen, wie wir sie auch auf Tongatabu angetroffen haben. Der Fußboden war mit Matten belegt; hier schienen sich die Leute tagsüber aufzuhalten.

Gegen Mittag kamen wir zum Marktplatz zurück. An Nahrungsmitteln war das Schiff nun reichlich versorgt, und auch Waffen und Geräte waren uns in Bootsladungen zugeführt worden. Die ganze Bevölkerung schien direkt zum Handel geboren zu sein, alle Merkwürdigkeiten suchten sie einzutauschen. So fanden sie auch großen Gefallen an den Hunden, die wir auf Tahiti an Bord genommen hatten. Da sie auf dieser Insel nicht zu Hause waren, übergaben wir den Eingebornen zwei Paar, und sie versprachen auch, sie uns gut zu pflegen.

Die Fahrzeuge, mit denen sie die Waren an Bord brachten, waren nur klein, aber sauber gearbeitet und gut geglättet. Dagegen waren die Kanus, die von den benachbarten Inseln herüberkamen, ansehnlicher und je zwei durch eine Anzahl Querbalken zusammengekuppelt, so daß in manchen wohl 50 Mann Platz hatten. In der Mitte war gewöhnlich eine Hütte errichtet. In dieser Stelle war in der

Plattform eine Öffnung, durch die man in den Bauch des Bootes kriechen konnte. Die starken, zum Umlegen eingerichteten Masten trugen große, dreieckige Segel. Das Tauwerk war vortrefflich, und als Anker dienten ihnen einige an Tauen befestigte große Steine.

Am folgenden Morgen lichteten wir die Anker und steuerten auf die Insel Tofua zu, auf der wir diese Nacht das Feuer eines Vulkans bemerkt hatten. Als wir näher herankamen, konnten wir auch bei Tage bemerken, daß Dampf aus dem Berge stieg. An der Westseite befand sich unterhalb der rauchenden Stelle ein Fleck, der vor nicht langer Zeit vom Feuer verheert sein mochte; man sah hier nicht das geringste Grün, während die andern Seiten des Berges von Bäumen und Sträuchern überwuchert waren. Der Südsüdostwind führte uns rasch von dieser Insel weg, wir segelten nun Westsüdwest und entdeckten am folgenden Tag, 1. Juli, Land, das nach der Richtung unseres Kurses zu urteilen noch von keinem Seefahrer bemerkt worden war. Da die Brandung sehr stark war und es bereites dunkelte, mußten wir lavieren. Die Lichter an Land zeigten uns jedoch an, daß die Insel bewohnt war. Am folgenden Morgen näherten wir uns der Küste und umfuhren die östliche Ecke. Ein sandiger Strand mit Kokospalmen und Häusern im Hintergrund lag vor uns. Es dauerte nicht lange, so kamen fünf schwarzbraune Männer zum Vorschein, die alle Keulen trugen. Der Lotse, der uns die Einfahrt ausloten sollte, sah an der Küste ungefähr 30 Eingeborne, von denen ein Teil auch mit Speeren bewaffnet war. Trotzdem sie in der Übermacht waren, gingen sie zurück und zogen sogar ihr kleines Fahrzeug tiefer in den Wald hinein. Einige Meilen westwärts von dieser Insel trafen wir auf eine neue, es war ein kreisförmiges Korallenriff mit einem See in der Mitte. Wir nannten es Turtle-Insel; es liegt unter 19° 48' südlicher Breite und 178° 2' westlicher Länge. Erst steuerten wir Westsüdwest, dann aber Nordwest und sahen am 16. nachmittags eine ziemlich hohe Insel vor uns liegen. Das Wetter war aber zu regnerisch und trübe, als daß wir Genaueres hätten unterscheiden können. Am folgenden Morgen sahen wir, daß es zwei Inseln waren, und zwar handelte es sich um die von Bougainville entdeckte Pfingstinsel und die Aurorainsel. Wir liefen auf das Nordende der letzteren zu.

12. Entdeckung der Neuen Hebriden.

Am 18. Juli hatten wir das Nordende der Aurorainsel erreicht und sahen allenthalben selbst auf den höchsten Bergen Kokospalmen. Wir steuerten längs der Westküste gen Süden herab, gerade vor uns befand sich Bougainvilles Isle des Lépreux, zwischen dieser und der Aurorainsel lavierten wir den ganzen Tag. Am Nachmittag waren wir bis auf 1 ½ Meilen an die erstere herangekommen. Ein Eingeborner wagte sich schließlich mit seinem kleinen Kanu in See, und bald darauf wurden wir noch drei andere gewahr, die ebenfalls ihr Kanu flottmachten, andere gafften vom Felsen aus zu uns. Sie waren z.T. vom Kopf bis auf die Brust schwarz gemacht, gingen aber sonst ganz nackt, außer daß sie einen Strick um den Unterleib und etwas Weißes auf dem Kopfe trugen. Ein einziger hatte ein Stück Zeug, das er wie ein Ordensband von der einen Schulter nach der entgegengesetzten Hüfte trug; es war von da in Gestalt einer Schärpe um die Lende geschlagen und schien von weißer Farbe, aber ziemlich schmutzig und mit einem roten Rand verziert zu sein. Die Leute selbst waren durchgehends von brauner Farbe, mit Bogen und langen Pfeilen bewaffnet. Die Eingebornen in den Kanus waren mittlerweile dicht herangekommen und sprachen mit uns; doch war uns ihre Sprache gänzlich fremd und unbekannt. Da wir wieder seewärts fuhren und die Leute nicht an Bord kamen, konnten wir die Sprache auch nicht näher untersuchen. Zwischen den Felsen waren hin und wieder Rohrhürden, wahrscheinlich zum Fischfang, aufgestellt.

Inzwischen kamen wir der Aurorainsel ganz nahe und fanden sie mit herrlichen Waldungen bedeckt, die ein weißer Strand einsäumte. Die Insel, welche in Bougainvilles Karte südwärts von der Pfingstinsel angegeben ist, kam uns am folgenden Morgen zu Gesicht. Noch am selben Tag entdeckten wir auch nach Westen hin Land, welches die südwestlichste von den durch Bougainville entdeckten Inseln zu sein schien. Gegen Südosten kamen uns wieder zwei Inseln zu Gesicht, der westlichsten segelten wir zu.

Wir schickten den Lotsen ab, um die Bucht zu untersuchen. Unterwegs kamen ihm Boote mit Eingebornen entgegen, die mit grünen Zweigen winkten, mit der hohlen Hand Wasser aus der See schöpften und es sich über den Kopf schütteten. Als wir mit unserm Schiff später in die Bai einliefen, wiederholten sie die gleiche Zeremonie. Die Leute waren größtenteils mit Bogen und Pfeilen bewaffnet, einige trugen auch Speere. Wir gaben ihnen tahitisches Zeug und erhielten als Gegengeschenk Pfeile, diese trugen entweder eine Holz- oder Knochenspitze. Die letzteren waren mit einer schwarzen gummiähnlichen Masse beschmiert, die wir für Gift hielten. Um Gewißheit zu erlangen, verletzten wir einen Hund damit am Schenkel, es zeigten sich aber keine Vergiftungserscheinungen.

Die Sprache dieses Volkes war von allen uns bekannten Südseedialekten dermaßen verschieden, daß wir auch nicht ein einziges Wort verstehen konnten. Sie war ungleich härter, da das R, S, Ch und andere Konsonanten sehr häufig darin vorkamen. Auch der Körperbau der Leute war ganz eigentümlich. Sie waren von außerordentlich schlankem Wuchs, doch nicht über fünf Fuß vier Zoll groß. Arme und Beine waren gewöhnlich lang und dünn. Die Hautfarbe war schwarzbraun, das Haar ebenfalls schwarz und wollig gekräuselt. Das Sonderbarste lag in der Gesichtsbildung. Sie hatten gleich den Negern flache breite Nasen und hervorstehende Backenknochen, dabei eine kurze Stirn, die seltsam gestaltet und platter als bei gewöhnlichen Menschen war. [Es handelt sich hier um eine künstliche Verunstaltung des Kopfes.] Gesicht und Brust hatten sich manche schwarz geschmiert. Einige trugen eine kleine Mattenmütze auf dem Kopfe, gingen sonst aber gänzlich nackt. Ein Strick war das einzige, was sie um den Unterleib geschlungen hatten, und zwar so fest, daß er eine tiefe Einschnürung verursachte. Fast alle andern Völker haben aus dem Gefühl der Schamhaftigkeit zur Bedeckung des Körpers Kleidung erfunden, hier aber waren die Geschlechtsteile der Männer nur mit Zeug umwickelt und in ihrer natürlichen Form aufwärts an den Strick oder den Gürtel festgebunden. Als es dunkel wurde, kehrten die Eingebornen nach dem Lande zurück und zündeten dort ein Menge von Feuern an, an denen man sie immer noch fortschwatzen hörte.

Als wir am nächsten Tag an Land gingen, trafen wir wohl 300

Eingeborne am Strand an. Ein Mann von mittlerem Alter, dem Ansehen nach wohl ein Befehlshaber, gab seinen Bogen und Köcher einem andern zur Verwahrung. Er überreichte dem Kapitän ein Ferkel. Ein jeder der Leute führte einen aus dunkelbraunem Holz verfertigten Bogen bei sich. Die Pfeile steckten in runden, von Blättern geflochtenen Köchern und bestanden aus zwei Fuß langen Rohrstäben, die meistens mit einer zwölf Zoll langen Holzspitze ausgestattet waren. Andere hatten eine kürzere, nur 2-3 Zoll lange Knochenspitze, die mittels einer Spalte an das Rohr eingefügt war, außen wurde sie durch eine kurze Kokosfaser festgehalten. Da die Faden kreuzweise übereinanderliefen, so machten die Zwischenräume lauter kleine verschobene Vierecke aus; diese hatten sie abwechselnd mit roter, grüner oder weißer Erdfarbe ausgelegt. Die Spitzen waren sehr scharf und mit einer schwarzen Masse überzogen. Als wir derartige Pfeile kauften, warnten sie uns, sie ja nicht mit den Fingern an den Spitzen zu berühren, und wenn wir sie trotzdem betasteten, so zogen sie uns besorgt stets den Arm zurück. Außer den Bogen und Pfeilen hatten sie auch Keulen aus Kasuarinaholz an einem dicken aus Gras gedrehten Strick über die rechte Schulter hängen. Diese waren wie alle ihre hölzernen Geräte sehr sauber gearbeitet und schön geglättet, am untersten Ende aber gewöhnlich knotig. Ihre Länge betrug nicht über 2 ½ Fuß. Am linken Arm trugen sie ein rund geschnittenes Brettchen, das mit Stroh überzogen und am Knöchel befestigt war. Es war 5 Zoll im Durchmesser und sollte die Hand vor der zurückschlagenden Bogensehne schützen.

Der Kapitän hatte von dem Befehlshaber frisches Wasser verlangt und sogleich eine Kalebasse voll bekommen. Aber mehr als diese Portion war trotz alles Forderns nicht zu erhalten. Einige der Insulaner hatten kleine Büschel von einem Kraut am Arme hängen, das sehr wohlriechende Blüten trug. Es gehörte zu dem neuen Geschlecht Evodia. Um diese Pflanze zu untersuchen, zogen wir ihnen einige heimlich aus dem Armband, doch sie rissen uns diese Blüten unwillig aus den Händen und warfen uns einen Blick zu, als wenn etwas Böswilliges dahinter stäke. Was sie dazu veranlaßte, konnten wir nicht begreifen, denn die Pflanze ist keinesfalls giftig. - Es kamen auch einige Frauen zum Vorschein, die sich aber immer noch scheu in einiger Entfernung hielten. Sie waren von kleiner Statur und so häßlich, wie wir noch keine in der Südsee gefunden hatten. Die Erwachsenen hatten kurze Stücke Zeug oder Mattenwerk um die Hüften, die bis auf die Knie reichten. Die andern trugen nur eine Schnur um den Leib, daran ein Strohwisch gebunden war. Die Kinder gingen ohne Unterschied des Geschlechts wenigstens bis ins zehnte Jahr nackt. Von diesen Frauen hatten sich einige das Haar mit gelbem Curcumapuder bestreut, andere hatten sich das Gesicht und noch andere den ganzen Körper damit bestrichen. Diese gelbe Schminke machte den ganzen Staat der Frau aus; wenigstens sahen wir keine mit Ohrringen oder Hals- und Armbändern, die nur den Männern zum Putz erlaubt zu sein schienen. Wo aber das der Fall ist, da sind die Weiber gewöhnlich sehr verachtet und leben in der größten Sklaverei. Dies schien auch hier zuzutreffen, denn die Frauen trugen große Bündel auf dem Rücken und schleppten auf diese Art oft mehr denn eins ihrer Kinder mit sich herum. Die Männer schienen nicht die mindeste Achtung vor ihnen zu haben und ließen die Frauen auch nicht näher herankommen.

Es war schon Abend, als wir an Bord zurückkehrten; trotzdem brachten die Eingebornen noch Waffen herbei, die sie gegen kleine Stücken Zeug verkauften. Ihre Kanus waren nicht über 20 Fuß lang, schlecht gearbeitet und ohne Zierat, dagegen mit Auslegern versehen. Wir zählten im ganzen nur 14 Boote, woraus man schließen kann, daß dieses Volk nicht sonderlich dem Fischfang obzuliegen scheint.

Unsre Leute konnten trotz aller Bemühungen keine Lebensmittel und Erfrischungen erhalten. Als sie einmal nach der Landspitze des Hafens gingen, um Proviant einzuhandeln, trafen sie auf eine verzäunte Pflanzung von Pisang, Brotfruchtbäumen, Kokospalmen und andern Pflanzen. In der Nähe waren einige kleine elende Hütten. Es waren bloße Strohdächer von Palmblättern, die auf Pfosten ruhten, aber so niedrig waren, daß man nicht aufrecht darunter stehen konnte. In ihrer Nachbarschaft liefen Schweine und etwas zahmes Federvieh im Grase herum. Von hier gingen unsere Herren an das äußerste Ende der Landspitze, von wo aus drei Inseln zu sehen waren. Wie die

Eingebornen angaben, war die eine Ambrym, auf der wir einen Vulkan bemerkt hatten, die andere, mit dem zuckerhutförmigen Berg, war Pa-uhm und die südlichste Apih. Als sie die Eingebornen fragten, wie denn die eigene Insel heiße, sagten sie Mallikolo.

Am folgenden Morgen lichteten wir die Anker und richteten unsern Lauf nach Ambrym. Den andern Tag kreuzten wir noch in der Nähe von Mallikolo und Ambrym und richteten dann unsern Kurs auf eine südlich gelegene Insel, die wir wegen ihrer drei Berge „Dreihügelinsel" nannten. Sie war reich bewaldet und wohl auch stark bevölkert. Einige Einwohner kamen mit Pfeil und Bogen in den Händen ans Ufer herab, sie ähnelten stark den Leuten von Mallikolo.

Am Mittag wendeten wir das Schiff und liefen nordostwärts, um an der südlichen Spitze von Apih verschiedene kleine Inseln in Augenschein zu nehmen. Sie waren außerordentlich klein, aber trotzdem bewohnt, denn sobald es dunkler wurde, sahen wir auf den höchsten Bergspitzen Feuerbrände. Wir nannten diese Inseln Shephardsinseln. Am nächsten Tag richteten wir unsern Kurs nach dem Lande zu, das wir am vorigen Tag gegen Süden entdeckt hatten. Unterwegs trafen wir nochmal auf die Dreihügelinsel und andere kleine Inseln, von denen wir die eine wegen ihrer zwei Berge „Zweihügelinsel" nannten. Von hier steuerten wir auf die am 24. Juli entdeckte große Insel zu. Von Südwesten sahen wir ein Kanu mit aufgespanntem dreieckigem Segel ziemlich weit von der Dreihügelinsel hinfahren. Es scheinen also die Bewohner der verschiedene Inseln untereinander eifrigen Verkehr zu pflegen. Wir erkannten beim Näherkommen, daß diese südliche Insel aus zwei Inseln bestand, und fuhren zwischen beiden hindurch. Trotzdem die östlichste nur 8 bis 9 Meilen im Umfang zu haben schien, war sie doch bewohnt. Cook nannte die große Insel Sandwich, die gegen Norden gelegene Hinchingbrook und die östlichste Montague, dem Ersten Lord der Admiralität und seinen beiden Söhnen zu Ehren. Wir steuerten nunmehr nach Südosten und befanden uns ungefähr 14 Seemeilen von einem Land entfernt. Die eintretende Windstille ließ uns aber nicht vorwärtskommen, ja die Strömung trieb uns nach Norden zu. Gegen Abend kam uns gegen Südosten eine neuen Insel zu

Gesicht, auf die wir aber vor der Hand nicht weiter achteten. Glücklicherweise erhob sich in der Nacht ein schwaches Lüftchen und trug uns dem Lande näher. Wir konnten mehrere Wälder mit dazwischenliegenden Pflanzungen unterscheiden, die bis auf die Gipfel der Berge reichten. Nachmittags gelangten wir an die Westseite der Insel und liefen längs der Küste herunter. Zwischen den Bergen und dem Strande gab es kleine Ebenen, die größtenteils mit Pisangbäumen bepflanzt und mit zierlichen Hecken umzäunt waren. Neben diesen standen auf bloßen Pfählen ruhende Dächer. 30 mit Pfeil und Bogen bewaffnete Eingeborne liefen am Strand umher. Einige Frauen befanden sich darunter. Sie trugen eine Art Unterrock aus Stroh und Blättern, die bis an die Waden, manchmal auch bis an die Knöchel reichten. Die Männer gingen dagegen nackt.

Wir steuerten in eine breite Bucht hinein. Am äußersten Ende derselben war ein steiler Berg, der sich aber nach der Mitte zu in verschiedene sanft abfallende Hügel zerteilte. Zwischen dem wilden Gehölz war längs des ganzen Ufers jedes freie Plätzchen zu einer Baumpflanzung hergerichtet und mit Rohrzäunen eingehegt. Die Einwohner standen haufenweise am Ufer, einige schwammen uns sogar entgegen. Sie waren den Leuten von Mallikolo durchaus ähnlich, doch bemerkten wir auch einige von hellerer Haut und rötlichem Haar. Es kam uns seltsam vor, daß wir hier gar keine Kanus am Ufer sahen.

Am Morgen ging der Kapitän an Land, um einen Wasserplatz aufzusuchen. Kaum waren die Boote gelandet, als sich einige hundert Eingeborne mit Pfeilen und Bogen, Keulen und Speeren einfanden. Sie waren von nußbrauner Farbe und von größerer Statur als die von Mallikolo, auch schöner in der Körper- und Gesichtsbildung. Um den Leibe trugen sie einen Strick. Manche hatten sich das Gesicht mit schwarzer und roter Farbe bemalt. Haupt- und Barthaar waren schwarz, nur bei wenigen rötlich. Um sich das Zutrauen der Leute zu erwerben, beschenkte der Kapitän besonders einen Mann, der bei den andern einiges Ansehen genoß. Diesen bat er um Wasser und Nahrungsmittel. Bald brachten auch abgesandte Boten ein hohles Rohr voll frischen Wassers, ein paar Kokosnüsse und eine Jamswurzel herbei. Sie suchten aber unsern Leuten zu verheimlichen, wo der Wasserplatz war. Da die Überzahl groß war, hielt es der Kapitän für klüger, sich wieder einzuschiffen. Allein der Rückzug war für die Eingebornen das Signal zum Angriff. Einer der Eingebornen nahm das Bootsruder weg, andere hielten das Boot fest und suchten es an Land zu ziehen. Da der Befehlshaber den Angriff zu leiten schien, wollte der Kapitän auf ihn feuern, doch seine Flinte versagte. Nun wurden die Boote mit Pfeilen und Speeren überschüttet. Eines der Geschosse, ein stumpfer Stecken, fuhr einem Matrosen in die Backe. Der Kapitän befahl nun der Mannschaft zu feuern. Es dauerte aber eine geraume Zeit, bis eine der Flinten losging. Doch wurden auf die ersten Schüsse gleich zwei Wilde erlegt. Die Wilden ließen sich dadurch keineswegs abschrecken, sondern erneuerten ihren Angriff mit Steinen und Speeren. Nun fing das zweite Boot auch an zu feuern, doch bis auf zwei oder drei Flinten versagten alle Gewehre. Als sich auch das Schiffsgeschütz hören ließ, liefen die Eingebornen in den nahen Wald davon.

Auf Grund dieses Vorfalles tauften wir dieses Vorgebirge Verräters Haupt (Traitor's Head). Wir hielten uns aber hier nicht länger auf, sondern fuhren an der Ostseite der Insel herum. Mittlerweile kam die bereits am 28. Juni entdeckte Insel im Süden wieder zum Vorschein, und der Kapitän entschloß sich, auf sie loszusteuern. Wie wir später erfuhren, hieß die Insel, die wir eben verließen, Jrromanga. Mit frischem Wind steuerten wir auf unser neues Ziel los. Des Nachts sahen wir eine rote Glut aus dem Berg der vor uns liegenden Insel herausschlagen. Wir fuhren an einer nordöstlich gelegenen niedrigeren Insel vorüber, und am Tage sahen wir auch gegen Osten eine neue, ziemlich große bergige Insel liegen. Die Insel, auf die wir jetzt zusteuerten, erstreckte sich von Nordwesten nach Südosten und hatte ein Kette hoher Berge. Es war die einzige Insel, auf der wir zur Auffüllung unseres Proviants und Brennholzes längere Zeit verweilten. Dabei lernten wir einen neuen Menschenstamm kennen, der uns bisher noch nicht entgegengetreten war.

13. Aufenthalt auf Tanna.

Wir hatten kaum den Anker fallen lassen, als schon eine Menge Kanus unser Schiff umgaben. Sie schienen unschlüssig, ob sie uns für Freunde oder Feinde halten sollten Die Zahl der Kanus belief sich in kurzer Zeit auf 17, davon einige mit 22, andere mit 10, 7, 5 und die kleineren nur mit zwei Leuten besetzt waren. Eine Verständigung konnten wir weder mit unserm tahitischen noch mit dem mallikolesischen Sprachschatz erzielen.

Wir landeten schließlich in drei Booten, was ohne jeden Zwischenfall vor sich ging. Die Eingebornen waren von schwarzbrauner Farbe, von mittlerer Größe, aber stärker gebaut und besser proportioniert als die Mallikoleser. Sie gingen ganz nackt und trugen einen Strick um den Leib, nur mit dem Unterschied, daß der Leib nicht so gewaltig eingeschnürt war wie bei jenen. Die Frauen, von denen wir einige in der Ferne sahen, waren in Röcke gekleidet, die bis übers Knie reichten. Ein paar Mädchen hatten Speere in den Händen, kamen aber nicht näher. Wir lernten gleich bei dieser Begegnung einige Worte der hiesigen Landessprache. Dabei mußten wir feststellen, daß sie für einen Gegenstand gewöhnlich zwei verschiedene Ausdrücke hatten, wovon der eine fremd, der andere aber mit einem dasselbe bedeutenden Wort aus der Sprache der Freundschaftsinseln übereinstimmte. Es müssen also hier in der Nachbarschaft noch andere Inseln sein, die mit Leuten von derselben Nation wie auf den Freundschafts- und Societätsinseln bewohnt sind. Wir erfuhren auch, daß ihre eigene Insel Tanna hieße, was soviel als Erde bedeutet.

Als wir landeten, wurden wir von einer großen Schar Eingeborner umzingelt und wir mußten nach unsern bisherigen Erfahrungen einen Zusammenstoß befürchten. Um ihnen einen Begriff von unserer Macht und den furchtbaren Waffen zu geben, die wir bei uns führten, schoß Cook seine Flinte über die Köpfe der Eingebornen ab. Dabei hatte einer, der dicht ans Ufer kam, sogar die Verwegenheit, uns den Hintern zu zeigen und mit der Hand darauf zu klatschen. Es ist dies unter den Südseevölkern das gewöhnliche Zeichen der

Herausforderung. Dieses Großsprechers wegen feuerte der Kapitän noch einen Schuß ab, und das große Schiffsgeschütz ließ sich auch hören. Nun war keiner der Inselbewohner mehr zu sehen; nur ein alter Mann, Pao-vjangom, blieb mit zwei andern ruhig am Ufer stehen und überreichte dem Kapitän Geschenke mit der Bitte, nicht länger zu schießen. Schließlich kamen die Eingebornen wieder hinter den Gebüschen hervor, und allmählich entwickelte sich eine sehr rege Unterhaltung; wir lernten dabei eine Menge Wörter aus ihrer Sprache kennen.

Das Seltsamste ist ihre Frisur; sie besteht aus lauter kleinen Zöpfen, die kaum so dick sind als die Spule einer Taubenfeder und statt eines Bandes mit dem Stengel einer Glockenwinde dergestalt bewickelt sind, daß am unteren Ende nur ein kleines Büschchen hervorragt. Wer einigermaßen starkes Haar hat, muß wenigstens etliche hundert solcher kleinen steifen Zöpfchen am Kopf haben. Da dieses nur 3-4 Zoll lang sind, so pflegen sie gewöhnlich wie die Borsten eines Stachelschweins auseinanderzustehen. Ist das Haar länger, so fallen die Zöpfchen glatt herunter, und die Leute sehen dann aus wie die Flußgötter mit ihrem vor Nässe triefenden Binsenhaar. Leute, die wolliges Haar haben, lassen es entweder wie es von Natur gewachsen ist, oder sie binden es vermittelst eines Blattes auf dem Scheitel in einem Zopf zusammen. Fast durchgehends tragen sei ein etwa 9 Zoll langes Stöckchen im Haar, um sich von Zeit zu Zeit vor dem Ungeziefer Ruhe zu schaffen, das auf ihren Köpfen in großer Anzahl vorhanden ist. Sie stecken auch wohl einen kleinen Rohrstab mit Hahnen- oder Eulenfedern verziert ins Haar. Zur Bedeckung des Kopfes wickeln sich manche ein frisches Pisangblatt schräg um den Scheitel, oder sie tragen eine richtige Mütze aus geflochtenen Matten. Keins von beiden ist jedoch allgemein.

Den Bart lassen die meisten lang wachsen, andere flechten ihn in einen Zopf. Der Nasenknorpel ist fast bei allen durchbohrt, man trägt darin einen dünnen Rohrstab oder einen Stein von ähnlicher Gestalt. Statt der Ohrgehänge tragen sie eine Menge Ringe von Schildkrötenschalen oder von weißen Muscheln, entweder eine neben der andern oder in Form einer Kette, eine in die andere gehängt. In beiden Fällen macht dieser Schmuck das Loch im Ohrläppchen sehr weit, da jeder Ring ½ Zoll breit und ¾ Zoll dick ist. Um den Hals haben sie Schnüre, an denen entweder eine Muschel oder ein kleines langrundes Stück des grünen neuseeländischen Steines auf die Brust herabhängt. Am Oberarm tragen sie meistens einen schön geschnitzten oder glatten, aber dann schön polierten Armring aus Kokosnußschale. Um diesem noch mehr Ansehen zu geben, stecken sie noch einige grüne Pflanzen dazwischen.

Um den Leib trugen einige eine Binde von grobem Zeug, das aus Baumrinde verfertigt und gewöhnlich dunkelbraun ist. Andere begnügen sich mit einer dünnen Schnur um den Leib. Beides geschieht, um die Geschlechtsteile, die hier in Blätter eingewickelt werden, nach Art der Mallikoleser in die Höhe zu ziehen und in der Höhe des Nabels an den Gürtel festzubinden. Sobald ein Knabe sechs Jahre alt ist, muß er schon diese Tracht anlegen. Zu den Zieraten dieser Völker gehören noch verschieden Arten von Schminken und allerhand Figuren, die sie sich in die Haut ritzen. Die Schminken gelten nur für das Gesicht und bestehen aus roter Ockererde, weißem Kalk und schwarzer Farbe. Diese werden mit Kokosöl angemacht und in schrägen 2-3 Zoll breiten Streifen aufgetragen. Weiße Schminke ist wenig im Gebrauch, rote und schwarze dagegen häufiger, oft findet man mit jeder das halbe Gesicht bedeckt. Das Aufritzen der Haut geschieht besondern am Oberarm und am Leib. Es vertritt die Stelle des Punktierens, wie sie auf Neuseeland, den Societäts- und Freundschaftsinseln üblich ist. Die Tanneser nehmen ein Bambusrohr oder eine scharfe Muschel zu dieser Operation und machen damit nach allerhand willkürlichen Zeichnungen tiefe Einschnitte in die Haut und legen dann ein besonderes Kraut auf, das die Eigenschaft hat, beim Heilen eine erhabene Narbe hervorzurufen. Diese Narben, auf die sich die guten Leute nicht wenig einbilden, stellen Blumen und andere seltsame Figuren vor. Die Methode, sich mit einem spitzen Instrument die Haut zu tatauieren, scheint hier ganz unbekannt zu sein, wenigstens habe ich nur einen einzigen Mann angetroffen, der diese Zier auf der Brust trug.

Die Waffen der Tanneser, ohne die sie sich nie sehen lassen, bestehen in Bogen und Pfeilen, Keulen, Speeren und Schleudern. Auf die Bogen und Schleudern verstehen sie die jungen Leute am besten, die älteren wissen dagegen den Speer und den Streitkolben vorzüglich zu führen. Die Bogen sind sehr stark und vom schönsten elastischen Kalusarinaholz, vortrefflich geglättet, und werden vermutlich von Zeit zu Zeit mit Öl eingeschmiert, damit sie stets glänzend und biegsam bleiben. Die Pfeile bestehen aus einem beinahe 4 Fuß langen Rohrstab und einer Spitze aus demselben Holz, wie auf Mallikolo. Doch sind die Spitzen hier anders geformt als dort, nämlich dreieckig und über 12 Zoll lang, dabei oft auf zwei oder drei Seiten eingekerbt oder mit Widerhaken versehen. Zur Vogeljagd und zum Fischen benutzen sie Pfeile, die drei Spitzen haben. Die Schleudern werden aus Kokosfasern, und zwar in der Mitte, wo der Stein zu liegen kommt, etwas breiter gemacht als an den Enden. Sie tragen diese um den Arm oder Leib, die Steine aber in ein großes Blatt gewickelt, mit sich herum. Die dritte Art von Wurfgeschossen sind die Speere. Gewöhnlich nehmen sie dazu knotige ungestalte Stecken, kaum ½ Zoll dick, aber 9-10 Fuß lang. Das dickste Ende ist eine dreieckige Spitze, die an allen drei Seiten ungefähr 10 Widerhaken hat. Zum Werfen dieser Speere dient ihnen ein 4-5 Zoll langes aus Baumrinde geflochtenes Stück von einem Strick, das am einen Ende einen Knoten, am andern aber eine Schleife hat [Wurfschlinge]. Durch die Schleife steckt man den Zeigefinger, ergreift hierauf mit diesem Finger und dem Daumen den Speer und wickelt das andere Ende des Stricks oberhalb der Hand einmal um den Schaft des Speeres herum. Wird nun der Speer abgeworfen, so kann er aus der Richtung, die man ihm gegeben hat, nicht eher weichen, als bis er die Schlinge gelöst hat; diese bleibt am Finger des Schützen hängen. Ich habe mehr als einen solchen Wurf gesehen, wo auf eine Entfernung von 30 bis 40 Fuß die zackige Spitze des Speeres durch einen 4 Zoll dicken Pfahl glatt hindurchging. So geht es auch mit ihren Pfeilen; auf 8-10 Schritt treffen sie mit voller Kraft, in einer größeren Entfernung von 25 – 30 Schritt hat man gar nichts zu befürchten, denn aus Furcht, den Bogen zu zerbrechen, spannen sie ihn nie stark.

Außer diesen Wurfgeschossen, von denen die Erwachsenen bald

die eine, bald die andere Art führen, trägt ein jeder seine Keule bei sich; diese wird beim Handgemenge gebraucht. Es gibt fünf verschiedene Formen. Die besten sind aus Kasuarinaholz, 4 Fuß lang, gerade, sauber geglättet und an beiden Enden, oben und unten, mit einem Knopf versehen. Der oberste, der zum Handgriff gehört, ist rund, der andre, der die eigentliche Keule ausmacht, hat mehrere hervorragende Spitzen oder Zacken in Sternenform. Zu der zweiten Gattung von Keulen, die 6 Fuß lang sind, wird eine graue harte Holzart genommen, vermutlich nur das Stammende vom Baum, denn am Unterteil dieser Keulen findet man auf der einen Seite allemal einen ansehnlichen Höcker, der ein Stück der Wurzel zu sein scheint. Die dritte, beinahe 5 Fuß lange Sorte ist am unteren Ende mit einem 8-10 Zoll langen Zapfen versehen, der vom Schaft der Keule rechtwinklig absteht; sie sieht fast wie die Lanzetten aus, deren sich die Roßärzte bedienen, und hat eine scharfe Schneide. Die vierte Art ist der vorhergehenden gänzlich ähnlich, nur daß sie auf jeder Seite vier solche scharf hervorragende Zapfen hat. Endlich besteht die fünfte Art aus einem rundgeformten Korallenstück, das ungefähr 1 ½ Fuß lang, im Durchmesser nur 2 Zoll dick ist und nicht nur zum Schlagen, sondern auch zum Werfen gebraucht wird.

Heute sahen wir in der Ferne auch einige Frauen, ihr Ohrgehänge bestand aus einer Anzahl Ringe aus Schildkrötenschalen, die Halsbänder aus allerhand aufgereihten Muscheln. Einige alte Weiber hatten sich ein frisches Pisangblatt um den Kopf gewickelt, andere trugen eine Mütze aus Matten, beides war nur selten. Gegen Mittag verließen uns die meisten Eingeborenen, wohl wegen der großen Hitze und der Essenszeit.

Bei einem Landausflug hatten wir Gelegenheit, die Gastfreundschaft dieser Leute kennenzulernen. Sie bewirteten uns mit einer Art von Feigenblättern, die in Pisanglaub gewickelt waren. Diese hatten sie vermittelst heißer Steine unter der Erde gar gemacht; das Gericht schmeckte wie Spinat. Darauf erhielten wir zwei große Pisangfrüchte. Weiber und Kinder beschenkten uns mit dergleichen Leckerbissen. So nahe hatten sie sich bisher noch nicht herangewagt. Sie waren noch sehr furchtsam und liefen, sobald wir sie scharf ansahen, eilends davon, zum großen Gelächter ihrer Männer. Die meisten von ihnen trugen durch den Nasenknorpel einen langen Stab aus Stein. Merkwürdig war, daß sie, sobald wir ihnen etwas schenkten, mochte es eine Perle oder sonst etwas sein, es nicht mit der bloßen Hand anrührten, sondern verlangten, daß wir es hinlegen sollten. Dann hoben sie es mit einem grünen Blatt auf. Ob hier abergläubische Grillen oder Reinlichkeitsgründe vorlagen, konnten wir nicht entscheiden. Als die Leute unsere Hunde sahen, waren sie sehr erstaunt, denn sie kannten diese Tiere nicht. Sie nannten sie „buga", d.h. Schwein, und wollten sie zum Geschenk haben. Von hier aus gingen wir am Ufer der Bucht hin und trafen dabei auch etliche Schober an, unter denen die Kanus lagen und so vor Sonne und Regen geschützt waren. Wohnhütten sah man nirgends als an der äußersten Spitze des Hafens gegen Osten. Wir waren eben im Begriff, dahin zu gehen, als uns eine Schar von Eingebornen entgegenkam und uns zurückzugehen bat. Wir taten es auch und versuchten nun, von einer andern Seite aus dorthin vorzudringen. Wir folgten einem Fußsteig, der nach der hohen Fläche hinführte und uns bald nach einem freien von Bäumen eingefaßten Platz brachte. Unterwegs trafen wir wieder Eingeborne, die uns gleichfalls bereden wollten, umzukehren. Wir gingen aber trotzdem weiter. Sie folgten uns, um uns nicht zu weit gehen zu lassen. Nach und nach gelangten wir an ein kleines luftiges Wäldchen, an große Pisanggärten, die auf eine ziemliche Strecke mit Jams- und Kolokasienfeldern, desgleichen mit Pflanzungen von Feigenbäumen abwechselten. Zum Teil hatten sie zwei Fuß hohe steinerne Einfassungen. Wir kehrten von hier aus wieder zum Landungsplatz zurück.

Am nächsten Nachmittag wollten wir den Berg besteigen und trafen auch wenig Eingeborne am Ufer an. Die Ebene war zum größten Teil unangebaut und teils mit hohem Wald, teils mit niedrigem Gebüsch bewachsen, wir trafen deshalb auch auf keine Wohnhütten. Wir stiegen nun den Abhang hinauf und entdeckten bald an verschiedenen Orten des Waldes eine Menge Pflanzungen. Der Fußpfad führte uns schließlich zum Gipfel, von dem ein schmaler, in zwei Rohrzäunen eingehegter Weg an der andern Bergseite hinauf lief. Wir waren schon ein gutes Stück vorwärtsgekommen, als plötzlich der Schall von einer oder zwei Trompeten ertönte. Wir waren also entdeckt worden und konnten dem Landfrieden unmöglich länger trauen, wir kehrten deshalb um. Als wir auf den Landungsplatz kamen, hatten die Eingebornen bereits Jams, Zuckerrohr, Kokosnüsse und Pisangs zum Markt gebracht. Vor der Hand war es nur sehr wenig, denn unser Eisengerät stand bei ihnen infolge ungenügender Kenntnis noch in keinem hohen Wert, sie nahmen statt dessen lieber tahitisches Zeug, kleine Stückchen von neuseeländischem Nephrit, Perlmutter und vor allen Dingen Schildkrötenschalen.

Auf unserm nächsten Ausflug nach der Landspitze passierte es uns wieder, daß wir von den Eingebornen zurückgewiesen wurden. Es pflegten nämlich die Eingebornen an diesem Ort jeden Morgen bei Tagesanbruch einen langsamen feierlichen Gesang anzustimmen, der wie ein Totenlied erklang. Das dünkte uns eine religiöse Zeremonie zu sein; wir vermuteten außerdem, daß in jener Gegend ein heiliger Ort sein müsse, besonders deshalb, weil uns die Eingebornen immer davon wegwiesen. Nachdem wir eine kurze Strecke zurückgegangen waren, erstiegen wir die hohe Ebene, in der Hoffnung, von da aus etwas zu sehen, weil sie wenigstens 40-50 Fuß höher lag als die Landspitze. Wir fanden aber eine große Pflanzung vor uns, die ringsumher mit dichten Rohrhecken umzäunt war. Die Eingebornen folgten uns noch immer und wollten uns zurückhalten. Schließlich fingen sie an zu drohen, sie würden uns schlachten und fressen. Glücklicherweise kam der alte Pao-vjangom, und mit diesem ließen sie uns längs der ganzen Anhöhe gegen das Westende des Hafens zu gehen. Diese Gegend war durchgehends mit Feigenbäumen besetzt, die wegen ihrer eßbaren Blätter und Früchte angepflanzt werden. Es gibt deren drei verschiedene Arten. Jenseits der Pflanzung lag ein kleines Wäldchen mit einem anmutigen Platz, an dessen einem Rande drei Wohnhütten standen. Unter einem wilden, ungewöhnlich großen Feigenbaum saß eine kleine Familie bei einem Feuer, an dem sie Jams und Pisangs brieten. Die Hütten sind eigentlich nur große Dächer, die auf der Erde ruhen und schräg zusammenstoßen. An beiden Enden standen sie offen, außer daß ein kleines Geländer, von Rohr und

Stöcken geflochten, ungefähr 18 Zoll hoch davor gesetzt war. An den größten Hütten betrug die Höhe des Daches 9-10 Fuß, und die Breite zwischen den beiden Dachwänden unten am Boden ungefähr ebensoviel. Die Länge war dagegen 35-40 Fuß, also sehr beträchtlich. Nichts kann einfacher sein, als der Bau dieser Wohnungen. Zwei Reihen Pfähle werden schräg in die Erde gesteckt, so daß sie mit dem oberen Ende zusammenstoßen. In dieser Richtung werden von den gegen überstehenden je 2x2 aneinander festgebunden und das ganze Sparrenwerk mit Matten belegt. Innen fanden wir nur Matten, der übrige Teil des Fußbodens war mit Gras bestreut. In jeder Hütte war an mehr denn einer Stelle Feuer angemacht gewesen, was man auch an den Seitenwänden sehen konnte, denn diese waren an den betreffenden Stellen mit Ruß bedeckt. Mitten auf dem freien Platz standen drei hohe Stangen nebeneinander, die durch kleine Latten untereinander verbunden waren. Von der Spitze an bis 10 Fuß von der Erde herab hatte man kurze Stecken der Quere nach an diese Stangen befestigt und eine Menge alter Kokosnüsse daran aufgehangen. Da die Einwohner das Öl dieser Frucht zum Salben und die Schale zu Armbändern und andern Zieraten gebrauchen, so mag das Aufhängen in freier Luft wohl eine Art notwendiger Zubereitung sein; aus bloßer Wirtschaftlichkeit kann es wenigstens nicht geschehen, denn sonst würden sie in den großen Kokospalmenhainen nicht soviel Nüsse unter den Bäumen liegen und verderben lassen. Rund um den grünen Platz hingen auf den Gebüschen kleine Zeuglappen, die sie aus der Rinde eines Feigenbaumes machen und in Form eines Gürtels oder Schärpe tragen. Als wir zurückkehrten, gab uns der fürsorgliche Pao-vjangom noch drei Führer mit, die uns, als wir unterwegs über Durst klagten, aus einer benachbarten Pflanzung Nüsse holten. Unsere treuen Begleiter brachten uns wohlbehalten wieder ans Ufer zurück.

Es war am 13. August, als wir uns zu Pao-vjangom auf den Weg machten. Unterwegs hörten wir im Wald ein Geklopfe, und als wir näherkamen, entdeckten wir einen Eingebornen, der mit seiner Steinaxt einen Baum umschlagen wollte. Trotzdem der Stamm im Durchmesser kaum 8 Zoll dick sein mochte, mühte er sich doch sehr ab. Die Axt, die er dazu benutzte, war wie auf den Societäts- und

Freundschaftsinseln gestaltet, auch die Klinge war hier wie dort schwarz und dem Basalt ähnlich. Der Besitzer sagte uns, die Steinaxt komme von der benachbarten Insel Anattom. Er zeigte uns auch noch eine zweite Axt, bei der statt des Steines ein scharf gemachtes Stück einer Muschel befestigt war. Nach Aussage unseres Mannes werden diese Instrumente von der im Norden liegenden Insel Immer nach hier gebracht. Der Eingeborne wollte das Land, auf dem wir ihn antrafen, von Bäumen und Gebüsch reinigen, um Jams darauf zu pflanzen. Er hatte schon vieles Gestrüpp umgehauen und auf einen Haufen gelegt, der später angebrannt werden sollte.

Wir gingen weiter und stießen auf Pflanzungen, die mit mehr Sorgfalt als anderwärts angelegt waren; sie schienen gleichzeitig als Lustgärten zu dienen, wenigstens fanden wir mancherlei Kräuter- und Staudengewächse darin, die teils wegen ihres schönen Aussehens, teil wegen ihres Wohlgeruchs angepflanzt zu sein schienen. Um jede Wohnung, auf die wir trafen, grasten ein paar wohlgemästete Schweine und einige Hühner; hin und wieder liefen auch Ratten über den Fußsteig. Diese hielten sich besonders in den Zuckerrohrpflanzungen auf, wo sie große Verwüstungen anrichteten. Um sie zu beseitigen, hatten die Eingebornen am Rande der Felder viele tiefe Gruben gemacht, in denen sich diese Tiere häufig fingen.

Auf unserm Rückweg schlugen wir die Richtung nach der Landspitze ein. Als unsere Begleiter unsere Absicht merkten, suchten sie uns davon abzuhalten und drohten, uns zu verspeisen. Das war nun bereits das drittemal, daß sie sich als Menschenfresser ausgaben. Wir wollten sie nicht unnötig reizen und kehrten deshalb um. Heute lernten wir auch ein Musikinstrument dieser Inselbewohner kennen. Es bestand gleich der Panflöte von Tongatabu aus acht Pfeifen, nur mit dem Unterschied, daß hier die Röhren stufenweise kleiner wurden und eine ganze Oktave ausmachten. Wir kamen mittlerweile zum Strand zurück und trafen hier unter den Eingebornen einige Weiber an, die in Mattensäcken Kinder auf ihrem Rücken trugen. Einige führten auch in Körben aus Rutengeflecht eine Brut junger Hühner oder Jams und Feigen mit sich, die sie zum Verkauf brachten.

Am 19. August wollten wir absegeln, doch ließ uns der

ungünstige Wind nicht aus der Bucht heraus. Wir benutzten daher die Gelegenheit, um nochmals an Land zu gehen. Ich ging für mich allein und kam auf eine hohe Ebene, von der ich in das tiefer gelegene Land gute Ausschau halten konnte. Am Abhang sah ich in den dort gelegenen Pflanzungen die Einwohner bei voller Arbeit. Sie fällten oder beschnitten Bäume, bestellten ihr Land statt eines Spatens mit einem dürren Ast [Grabstock] und steckten Jams und andere Wurzeln. In einem Ort hörte ich einen Eingebornen bei seiner Arbeit singen und erkannte bald an der Melodie, daß es eines der Lieder war, die sie uns oft in ihren Hütten vorgesungen hatten. Ich ging von diesem Ausflug recht befriedigt wieder an Bord zurück.

Am folgenden Morgen sahen wir verschiedene Segelkanus aus dem Hafen fahren. Sie glichen ziemlich genau den Kanus auf den Freundschaftsinseln, nur daß die hiesigen ungleich schlechter gearbeitet waren als jene. Sie waren mit Auslegern versehen und konnten bis 20 Mann führen. Die Segel waren niedrig und bestanden aus dreieckigen Matten, wobei das breite Ende aufwärts, das spitze nach unten zugekehrt war. Der Boden des Kanus glich einem langen Trog, die Seitenwände bestanden aus einer oder zwei aufeinandergesetzten Planken, die mit Kokosfaserstricken verbunden waren.

Am 20. August, nach einem Aufenthalt von 16 Tagen, lichteten wir die Anker und verließen diese interessante Insel.

Unser Kurs war ostwärts nach der Insel Jrronan gerichtet. Am nächsten Morgen bestimmten wir die Lage von Annatom, und von hier aus steuerten wir längs der südwestlichen Küste von Tanna wieder nach Norden hinauf. Schon am nächsten Tag segelten wir längs der Westseite von Jrromanga hin, denn Cook wollte die Küsten aller hier beisammenliegenden Inseln genauer untersuchen. Noch vor Sonnenuntergang gelangten wir an die südlichen Ufer der Sandwichinsel und bekamen am Morgen die Inseln Apih, Pauhm und Ambrym zu Gesicht. Darauf steuerten wir an der Südwestseite von Mallikolo hin; wir liefen um die nördliche Spitze und befanden uns am 24. August schon ziemlich weit in der Durchfahrt, die Bougainville zwischen Mallikolo und einer andern mehr nach Norden gelegenen Insel entdeckt hatte. Das Land, das wir gegen Norden sahen, war vermutlich Espiritu Santo. Wir steuerten längs der östlichen Küste nach Norden hinauf und trafen dabei auf eine Menge kleiner Inseln, die bewohnt sein mußten. Dann lenkten wir westwärts und entdeckten hinter einem auf Espiritu Santo gelegenen Vorgebirge eine tiefe Bai mit schönen Tälern und Hügeln. Während wir in die Bucht fuhren, kamen drei Kanus mit dreieckigen Segeln uns entgegen. In jedem saßen 4-5 Mann, die ganz nackt und mit den Mallikolesern von einer Farbe, aber von größerer Statur waren. Das Haar war wollig, der Bart gekräuselt. Auf dem Scheitel trugen sie einen Federbusch, andere hatten eine weiße Muschel vor die Stirn gebunden, noch andere ein Blatt der Sagopalme wie eine Mütze um den Kopf gewickelt. Ihre Armbänder bestanden aus Muschelwerk und waren denen auf Mallikolo ähnlich. Um den Leib hatten sie einen schmalen Gürtel, von dem hinten und vorn ein ungefähr 5 Zoll breites Stück Mattenwerk bis an die Knie herabhing. Die Kanus waren gleich denen auf Mallikolo schlecht gearbeitet und mit Auslegern versehen. Einige Fischspeere mit 2-3 Spitzen lagen darin. Die Eingebornen überreichten uns den Zweig eines Pfefferbaumes als Freundschaftszeichen. Eine Verständigung war mit ihnen ausgeschlossen, die Sprachen von Tanna und Mallikolo waren ihnen unbekannt. Wir segelten also wieder aus der Bucht heraus und fuhren westwärts längs der nördlichen Küste hin. Nach einem Aufenthalt von 46 Tagen verließen wir endgültig diese Inseln, denen Cook den Namen Neue Hebriden gegeben hatte. Wir richteten unsern Lauf nach Süden, um die Südsee in ihren höheren Breiten zu erforschen. Bereits nach drei Tagen sichteten wir wieder ein Land, das noch kein Europäer vor uns gesehen hatte. Unsere Expedition nahm dadurch eine ganz andere Wendung.

14. Entdeckung von Neukaledonien.
Heimfahrt.

Wir schrieben den 4. September, als wir dieses sich weit nach Westen, zum Teil auch nach Südosten erstreckende Land entdeckten; wir nannten es Neukaledonien. Wir fanden einen guten Hafen mit einer kleinen Insel, in deren Nachbarschaft wir ankerten. Das war kaum geschehen, als sich ungefähr 20 Kanus um unser Schiff drängten. Sie führten durchgehends zwei Segel und bestanden aus zwei durch eine Plattform verbundenen Booten. Auf der Plattform lag ein Haufen mit Asche vermengter Erde; auf dieser wurde beständig Feuer unterhalten. Die Leute waren von dunkelkastanienbrauner Hautfarbe mit schwarzem, stark gekräuseltem, bei einigen fast wolligem Bart- und Kopfhaar.

Am Nachmittag fuhren wir an Land und wurden von dem König Tea-buma mit einer langen Rede empfangen; nach ihm hielt ein angesehener Mann noch eine Rede. Viele der Leute hatten angeschwollenen Arme und Beine [Elefantiasis], waren aber sonst wohlgebildet. Die Haartracht war verschieden, einige trugen das Haar auf dem Scheitel zusammengebunden, andre ließen es nur an den Seiten wachsen und hatten das übrige abgeschnitten. Noch andere sahen wie Neger aus, wozu ihre platten Nasen und aufgeworfenen Lippen nicht wenig beitrugen. Statt aller Kleidung trugen sie eine Schnur um den Leib. Die Männer hatten ihre Geschlechtsteile in ein Stück Zeug eingewickelt und dieses dann an der Gürtelschnur in die Höhe gezogen, oder sie ließen es frei herabhängen. Dieses Stück Zeug ist bisweilen so lang, daß das überflüssige Ende, nachdem es am Gürtel gebunden ist, noch an der Halsschnur befestigt werden kann. An dieser Schnur hängen auch wohl kleine kugelrunde Stückchen von nephritähnlichem Gestein. Der Kopfputz besteht manchmal aus einer hohen runden Mütze, um die gewöhnlich die Schleuder gewickelt ist. Die Mütze ist aus einem groben, schwarz gefärbten Stück Zeug, das der Länge nach zusammengenäht, oben und unten aber offen ist. Die Mützen der Befehlshaber sind mit kleinen roten Federn, wohl auch mit einem langen Busch von Hahnenfedern geziert. Die Ohrläppchen pflegen sie zu durchbohren und sehr auszuweiten. Das geschieht deshalb, um wie auf Tanna mehrere Schildkrötenschalen, wohl auch ein aufgerolltes Zuckerrohrblatt hindurchzustecken.

Ihre Keulen haben verschiedene Form und sind auch aus verschiedenem Material; sie sind nie über 3 Fuß lang. Sie gleichen meistens den Keulen von Tanna. Am untern Ende sind sie entweder wie eine Sense krumm gebogen, oder es ragen kleine sternförmige Zacken hervor. Die Speere sind 15-20 Fuß lang, entweder aus schwarzem Holz oder mit schwarzer Farbe bestrichen. Die zierlichsten haben in der Mitte ein menschliches Gesicht angeschnitzt. Diese Speere werfen sie mit einem kurzen Riemen, der am einen Ende einen Knoten, am andern eine Schlinge hat. Hier sind diese Wurfriemen weit besser und aus einer Art roher Wolle gearbeitet, die von der einheimischen Fledermaus stammt. Bogen und Pfeil sind nicht bekannt, statt ihrer finden sich Schleudern, die aus dünnen Schnüren bestehen und an dem einen Ende eine Quaste, am andern und auch in der Mitte eine Schleife haben. Die Steine befinden sich in einer um den Leib gebundenen, aus Grasfasern geflochtenen Tasche.

Wir landeten in der Nähe eines Flusses und trafen mit ein paar Familien zusammen. Die Weiber waren kastanienbraun und auch noch dunkler, aber selten über mittlere Größe und im übrigen plump gebaut. Sie trugen einen kurzen Rock, der aus einem Strick mit Schnüren daran bestand. Dieser Strick konnte mehrmals um die Hüften gewickelt werden, so daß die Schnüre schichtenweise übereinander zu liegen kamen. Die äußere Schicht dieser Schnüre war schwarzgefärbt. An Schmucksachen unterschieden sich die Frauen nicht von den Männern, nur daß sie zwischen der Unterlippe und dem Kinn nach tahitischer Art drei schwarze Linien in die Haut punktiert hatten.

Ungefähr 20 Schritt vom Ufer lagen die Wohnhütten dieser Familie auf einer kleinen Anhöhe. Sie waren 10 Fuß hoch, kegelförmig gestaltet, aber oben nicht zugespitzt. Das Zimmerwerk bestand aus senkrecht aufgerichteten Pfählen, die mit geflochtenen Reisern wie Hürden miteinander verbunden und vom Fußboden bis an die Decke ringsum mit Matten verkleidet waren, oben darauf ruhte ein halbrundes Strohdach. Das Licht fiel durch ein 4 Fuß hohes Loch hinein, das zugleich als Tür diente. Innen war die Hütte voller Rauch, am Eingang lag ein Haufen Asche. Es scheint also, daß die Einwohner hauptsächlich der Mücken wegen, die in jener sumpfigen Gegend häufig sein müssen, Feuer anzünden. Um die Hütte standen Kokospalmen, außerdem Zuckerrohr, Pisang und Kolokasienwurzeln. Letztere wurden vermittelst kleiner Furchen bewässert und an einigen Stellen völlig unter Wasser gehalten.

Vor einer Hütte fanden wir einen irdenen Topf, der etwa vier bis fünf Maß halten mochte. Dieses Geschirr hatte einen dicken Bauch und war aus einer rötlichen Erde ziemlich grob gearbeitet, auch innen und außen gleichsam mit Ruß überzogen. Aus der Asche ragten drei spitze Steine hervor, an die der Topf seitwärts angelehnt wurde, so daß das Feuer darunter brennen konnte. Von hier aus kehrten wir zu den Unsern zurück.

Am nächsten Tage gingen wir wieder an Land. Viele Eingeborne erwarteten uns am Strand. Dabei lernten wir heute das erstemal eins ihrer Musikinstrumente kennen, das, wie sich später herausstellte, überhaupt ihr einziges Musikinstrument war. Es war eine Art Pfeife aus einem ungefähr 2 Zoll langen Stück Holz, glockenförmig gestaltet, aber nicht hohl und am schmalen Ende mit einer kleinen Schnur versehen. Dicht am platten Unterteil hatte sie zwei Löcher und unweit der Schnur ein drittes, die sämtlich innen zusammenlaufen mußten. Ich verlor auf diesem Ausflug meine Gefährten und kam durch einen Hohlweg zu drei Hütten. Vor der einen saß ein Mann, in dessen Schoß ein acht- bis zehnjähriges Mädchen seinen Kopf gelegt hatte. Mit einem geschärften Stück Quarz schnitt er dem Kind das Haar ab. Nun ging ich zu den übrigen Hütten. Diese standen so nahe beisammen, daß der dazwischenliegende, zum Teil eingezäunte Platz kaum 10 Fuß im Geviert hielt. Hier traf ich drei Frauen, die unter einem Topf Feuer anmachten; der Topf war gefüllt mit trockenem Grase und grünen Blättern, in die kleine Jamswurzeln gewickelt waren. Sie winkten mir fortzugehen und, nachdem sie auf ihre Hütten gezeigt hatten, fuhren sie mit dem Finger unter dem Hals hin und zurück, um wie es schien, mir verstehen zu geben, daß sie unfehlbar erstickt oder erdrosselt würden, wenn sie mit einem Fremden allein gesehen würden. Mittlerweile traf ich auf die übrige Gesellschaft, und da wir sehr durstig waren, so fragten wir den Alten, den ich zuerst traf, nach Wasser. Er zeigte gleich nach einem Baum, an dessen unteren Ästen zwölf große Kokosnußschalen voller Wasser hingen. Wir kehrten nun wieder aufs Schiff zurück.

Am folgenden Morgen wurde ein Leutnant mit einem Boot nach der westlich gelegenen Insel Balabea geschickt, die etwa acht Seemeilen entfernt war. Wir dagegen unternahmen einen Ausflug in östlicher Richtung und gelangten nach kurzer Zeit an einige Häuser, die zwischen Sümpfen lagen. Diese Häuser waren nicht nur mit Matten aus Kokosblättern, sondern auch innen mit Rinden des Kajeputbaumes bekleidet. Vor einigen Hütten saßen Leute bei einer kärglichen Mahlzeit aus gargemachten Blättern, während andere den Saft aus der überm Feuer gerösteten Rinde des Hibiscus tiliaceus saugten. Eine beträchtliche Anzahl zahmer Hühner trieben sich in der Nähe der Hütten herum. Einige große Haufen von Muschelschalen, die sie auf den Riffen eingesammelt und hier in der Nachbarschaft verzehrt haben mußten, lagen umher. Wir gingen weiter und kamen zu einer andern Gruppe von Häusern, wo die Eingebornen ihre Töpfe, die mit Muscheln angefüllt waren, auf dem Feuer stehen hatten. Einer von ihnen hielt ein Beil von besonderer Gestalt in den Händen. Es bestand aus einem krummen Ast, der einen stumpfen Haken und einen kurzen, ungefähr 6 Zoll langen Griff hatte. Der Haken war am Ende gespalten und in die Öffnung ein schwarzer Stein mit einem aus Baumrinde geflochtenen Band befestigt. Wie die Leute sagten, werden derartige Beile zur Bodenbearbeitung benutzt. Wir kamen darauf an eine Verzäunung, die einen kleinen Erdhügel einschloß, der ungefähr 4 Fuß hoch sein mochte. Innerhalb der Verzäunung waren noch andere Stöcke einzeln in die Erde geschlagen und auf diese große Muschelhörner gesteckt. Es war die Begräbnisstätte des Befehlshabers dieses Distriktes. Als wir wieder an Bord kamen, war es so windig, daß die meisten Insulaner schwimmend an Bord kamen und auch wieder auf diese Weise in kleinen Trupps das Schiff verließen.

Am nächsten Morgen hatten wir uns wieder an Land begeben; wir waren an ein einzelliegendes Haus gekommen, das mit einem

Stangenzaun umgeben war und auf der hintern Seite eine Reihe hölzerner Pfeiler hatte. Jeder Pfeiler hatte ungefähr 1 Fuß im Geviert und war 9 Fuß hoch. Das Oberteil stellte ein menschliches Gesicht dar. Hier wohnte ein einzelner Mann, der durch Zeichen zu verstehen gab, daß diese Pfeiler seine Grabsteine andeuteten. Unterwegs trafen wir noch auf eine Pflanzung, auf der Leute, meistens Frauen, mit dem Umgraben beschäftigt waren, um dann Jams und Kolokasien zu pflanzen. Zum Umgraben benutzten sie eine hölzerne Hacke mit einem langen, krummen, spitzen Schnabel, wie auch ihre Keulen zum Teil sind. Wir kehrten nunmehr an Bord zurück, wo bereits Anstalten zur Abreise getroffen wurden. Mit Anbruch des folgenden Tages lichteten wir die Anker und steuerten nordwestwärts an der Küste herunter. Unser Aufenthalt hatte hier nur acht Tage gedauert.

Am 15. September entdeckten wir, daß am Westende von Neukaledonien nach Norden hin drei Inseln liegen. Der Kapitän ließ geradewegs umwenden und um das südöstliche Ende von Neukaledonien segeln. Am folgenden Morgen steuerten wir wieder an unserm frühern Ankerplatz vorbei und dann immer südostwärts. Am 24. September entdeckten wir das östlichste Kap von Neukaledonien. Gegen Südosten sahen wir bereits wieder eine andre Insel und am folgenden Morgen noch mehrere. Wir umsegelten die größte dieser Inseln, die Cook Fichteninsel nannte. Mittlerweile waren unsere frischen Nahrungsmittel stark zur Neige gegangen, und die Fahrt begann infolgedessen zur Qual zu werden. Anhaltende Windstille ließ uns dabei nicht vorwärtskommen. Am 7. Oktober erhob sich endlich ein starker Wind, der uns in südwestlicher Richtung vorwärts auf Neuseeland zu brachte. Am 9. Oktober entdeckten wir noch eine kleine Insel, die wir Norfolkinsel nannten. Am 17. sahen wir die Küste von Neuseeland, und zwar den Mount Egmont an der nördlichen Einfahrt der Cookstraße. Ein plötzlich sich erhebender Sturm trug uns unserm alten Ankerplatz im Charlottesund zu.

Wir waren kaum vor Anker gegangen, so suchten wir auch schon den Ort auf, an dem Cook vor seiner letzten Abreise die Flasche mit dem Schreiben an Furneaux vergraben hatte. Sie war weg. Es mußten also Europäer dagewesen sein. Das Merkwürdige war nur, daß sich in den folgenden Tagen trotz unsrer Rauch- und Schußsignale keine Eingebornen sehen ließen. Ein Boot, das wir beim Fischfang überraschten, ergriff sofort die Flucht, und als wir es einholten, sprangen die Insassen ins Meer und schwammen ans Ufer. Ihr Betragen kam uns äußerst rätselhaft vor. Als wir, um nähere Gewißheit über das sonderbare Betragen zu erhalten, nach Chag Cove fuhren, trafen wir auf Eingeborne, die wir durch gütliches Zureden und durch freundschaftliches Aneinanderreiben der Nasen zum Bleiben bewegen konnten Sie trugen alte Strohmäntel, die Haare hingen ihnen zottig um den Kopf, sie waren höchst unsauber. Von ihnen erfuhren wir, daß ein Gefecht stattgefunden habe, wobei viele der Bewohner das Leben eingebüßt hatten. Unsere Vermutung fiel sofort auf die „Adventure", daß sie etwa mit den Leuten in Konflikt geraten sein könnte. Die Erzählung, daß hier vor einiger Zeit ein europäisches Schiff vor Anker gelegen habe, dessen ganze Mannschaft in einem Treffen erschlagen und aufgefressen worden sei, machte uns nur noch begieriger, etwas Genaueres über diesen Vorfall zu erfahren. Wir luden deshalb den Vornehmsten von ihnen, Piterre mit Namen, und einige seiner Gefährten an Bord ein. Wir schnitten zwei Stückchen Papier in Gestalt zweier Schiffe zu, das eine sollte die „Adventure", das andere die „Resolution" vorstellen. Dann zeichneten wir den Plan des Hafens auf ein großes Stück Papier und zogen die Schiffe soviel mal in und aus dem Hafen, als wir wirklich darin geankert hatten und wieder abgesegelt waren bis zu unserer Abreise im November. Nun hielten wie ein Zeitlang inne und fingen an, unser Schiff in den Hafen zu ziehen. Hier unterbrachen uns aber die Wilden und zogen das Papier, das die „Adventure" vorstellten, in den Hafen und wieder heraus, wobei sie gleichzeitig an den Fingern aufzählten, seit wieviel Monaten das Schiff abgesegelt sei. Wir waren damit über das Schicksal unseres Reisegefährten beruhigt, denn damit war sicher, da er von hier wieder abgesegelt war. Über den Zwischenfall, den die hiesigen Einwohner mit den Europäern gehabt hatten, wurden wir erst am Kap der Guten Hoffnung aufgeklärt. Hier wurde uns mitgeteilt, daß ein Boot des Kapitäns Furneaux bei seiner letzten Landung am 30. November 1773 in Charlottesund durch Eingeborne überfallen und die

Besatzung niedergemacht worden war. Furneaux segelte am 22. Dezember, nachdem er sich notdürftig mit Proviant versehen hatte, nach dem Kap der Guten Hoffnung ab und fuhr von hier aus nach England, wo er am 15. Juli 1774 eintraf.

Nachdem unser Proviant wieder erneuert war, verließen wir am 10. November Neuseeland endgültig und richteten unsern Lauf durch die Cookstraße nach der Südspitze Amerikas. Ein günstiger Wind brachte uns in kurzer Zeit an die Gestade der Magalhãesstraße, die wir am 18. Dezember im dichten Nebel erblickten. In einer von hohen Bergen umrahmten Bucht ankerten wir, um Brennholz und Wasser an Bord zu nehmen. Dabei trafen wir auf ein kleines Wäldchen, in dessen Schatten einige unbewohnte Hütten lagen. Es waren mehr Gerüste; sie bestanden aus einigen Zweigen, die größtenteils noch grüne Blätter hatten, also erst kürzlich benutzt worden sein mußten. An andern Morgen kamen auch Eingeborne in Rindenkanus ans Schiff. Das eigentliche Gerippe der Fahrzeuge bildeten Stecken, an die die Rinde festgenäht war. Mitten im Kanu lange einige Steine nebst einem Haufen Erde, worauf die Wilden beständig Feuer unterhielten. In jedem Boot saßen fünf bis acht Leute. Sie waren kaum über 5 Fuß 6 Zoll groß, hatten dicke große Köpfe, breite Gesichter mit sehr platten Nasen und vorstehenden Backenknochen. Ihr Haar war schwarz, mit Tran eingeschmiert und hing zottig um den Kopf. Schulter und Brust waren sehr stark, dagegen die Beine nur dünn ausgebildet. Die Hautfarbe war olivenbraun mit kupferähnlichem Glanz. Ihre Kleidung bestand in einem Seehundfell, das sie mit einer Schnur um den Hals trugen, sonst gingen die Männer nackt, die Frauen hatten an einer Hüftschnur noch einen Lappen hängen, der das Notwendigste verdeckte. Ein ledernes Band mit Muscheln zierte den Hals, auf dem Kopf trugen sei eine Mütze aus langen Gänsefedern, die aufrecht in die Höhe standen. Kleine Bogen und gefiederte Pfeile mit Steinspitzen waren ihre einzigen Waffen. Ungefähr 10 Fuß lange Speere mit einer eingelassenen, schwarzzackigen Knochenspitze dienten ihnen zum Fisch- und Muschelfang. Ihre ganze Lebensart war dem tierischen Zustand näher als bei einem andern Volk. Sie führten andauernd das Wort Pescheräh im Munde, weshalb sie ja auch Bougainville so genannt hatte.

Nach einem kurzen Aufenthalt verließen wir diese trostlose Gegend und segelten nach froh verlebtem Weihnachtsfest durch die Le-Maire-Straß, die Feuerland von der Stateninsel trennt, nach der Südspitze Afrikas zu. Unterwegs trafen wir noch auf zahlreiche kleine und größere Inseln, die aber von Menschen unbewohnt waren. Am 22. März 1775 kamen wir glücklich in Tafelbai vor Anker. Wir hatten nur zwei bis drei Skorbutkranke an Bord. Am 27. verließen wir bereits wieder das Kap und segelten über St. Helena und die Azoren der Heimat zu, die wir am 29. Juli sichteten. Am folgenden Mittag gingen wir glücklich vor Spithead vor Anker.

Wir hatten damit eine Reise vollendet, die drei Jahre und 18 Tage gedauert hatte und auf der wir eine Strecke von mehr als dem dreifachen Erdumfang zurückgelegt hatten.

Erläuterung der geographischen Namen.

Adventure-Insel:
Wurde am 13. August 1773 von Cook entdeckt. Ist Motutunga der Tuamotu Insel.

Ambrym:
Gehört zum Archipel der Neuen Hebriden, wurde am 21. Juli 1774 von Cook entdeckt.

Amsterdam:
Wurde 1643 von dem Holländer Abel Tasman entdeckt, der diesen Namen gab. Es handelt sich um Tongatabu in den Tonga-Inseln

Anattom:
Ist Aneithum in den Neuen Hebriden und wurde am 20. August 1774 von Cook gesichtet.

Apih:
Ist Epi oder Tasiko der Neuen Hebriden, wurde von Cook am 21. Juli 1774 entdeckt.

Archipel der flachen Inseln oder gefährlichen Inseln:
Es handelt sich in beiden Fällen um die nach englischer Schreibweise auf der Karte häufig angegebenen Paumotu-Inseln oder, wie die heutige offizielle Schreibweise ist, um die Tuamotu-Inseln. Als „gefährlichen Archipel" bezeichnete sie Bougainville, während Forster den Ausdruck „flache Inseln" gebraucht. Krusenstern nennt sie „Niedrige Inseln".

Aurora:
Ist entweder Makatea der Tuamotu-Inseln oder Maewo der Neuen Hebriden. Beide Inseln werden mit diesem gleichen Namen belegt. Im vorliegenden Falle handelt es sich um die letztere. Wurde von Cook am 16. Juli 1774 entdeckt.

Balabea:
Ist Balabio in der unmittelbaren Nähe des nördöstlichen Punktes von Neukaledonien. Am 13. September 1774 von Cook entdeckt.

Borabora:
Bolabola der Gesellschaftsinseln.

Botany-Insel:
Liegt zwischen Neukaledonien und der Fichten-Insel, wurde am 29. September 1774 von Cook aufgefunden.

Chain-Insel:
Ist Anaä der Tuamotu-Inseln. Cook entdeckte sie am 18. August 1773.

Dominica:
Ist die spanische Bezeichung für die von Mendaña 1595 entdeckte Insel Hivaoa in den Marquesas-Inseln. Cook sah sie am 7. April 1774 wieder.

Doubtful-Insel:
Ist Tekokoto des Tuamotu-Archipels, wurde von Cook am 11. August 1773 entdeckt.

Dreihügel-Insel:
Von Cook am 21. Juli 1774 entdeckt und Three Hills genannt, ist eine Insel der Neuen Hebriden, Mae ist der Zentraldistrikt.

Ea-uwhe:
Ist Tasmans Middelburg, heute mit dem Eingeborenennamen Eua benannt, liegt in den Tonga-Inseln.

Eimeo:
Findet sich auch als Moörea auf der Karte, liegt nahe bei Tahiti.

Espiritu Santo:
Wurde von Quiros im April 1606 entdeckt und erhielt die Bezeichnung Australia del Espiritu Santo. Heute als Espiritu Santo auf der Karte zu finden.

Fichten-Insel:
Bewohnte Insel südöstlich von Neukaledonien, wurde von Cook am 24. September 1774 entdeckt, auch Kounié genannt.

Freundschafts-Inseln:
Damit sind die Tonga-Inseln gemeint. Cook nannte sie auf Grund des freundlichen Empfanges, den er durch die dortigen Eingeborenen erfuhr Friendly Islands – freundschaftliche Inseln.

Furneaux-Insel:
Ist Marutea der Tuamotu-Inseln, wurde am 12. August 1773 von Cook gesichtet.

Gesellschafts-Inseln:
Cook nannte die zahlreichen Inseln, welche sich um Tahiti gruppieren, zu Ehren der Royal Society in London „Society Islands", woraus Societäts-Inseln oder Gesellschaftsinseln entstand. Wurden zuerst von Quiro 1606 berührt.

Hervey-Inseln:
Wurden am 23. September 1773 von Cook entdeckt und später auf der dritten Reise 1777 wieder von ihm aufgesucht. Später dem Entdecker zu Ehren Cook-Archipel genannt.

Hinchingbrook-Insel:
Wurde am 26. Juli 1774 von Cook gesehen. Nach der Eingeborenensprache heißt sie entweder Mau oder Vele; sie gehört zu den Neuen Hebriden.

Hood-Insel:
Ist Fatuhuku der Marquesas-Inseln, von Cook am 6. April 1774 entdeckt.

Huaheine:
Gehört zur östlichen Gruppe der Gesellschafts-Inseln. Bereits 1769 auf der ersten Reise von Cook entdeckt.

Immer:
Auch Aniwa oder Nina genannt, gehört zu den Neuen Hebriden, am 20. August 1774 von Cook entdeckt.

Irromanga:
Ist Erromanga der Neuen Hebriden, von Cook am 27. Juli 1774 entdeckt.

Irronan:
Ist Futuna der Neuen Hebriden, wurde 20. August 1774 von Cook entdeckt.

Isle des Lépreux:
Ist Omba oder Aoba der Neuen Hebriden. Von Bougainville 1766 entdeckt und so benannt worden.

König-Georgs-Inseln:
Mit dieser Bezeichnung belegte Byron 1765 Takapoto und Takaroa der Tuamotu-Inseln. Cook sah sie am 10. April 1774.

Lord-Howe-Inseln:
Ist Mopiha der Gesellschafts-Inseln, von Cook am 6. Juni 1774 gesehen. Von Wallis 1769 entdeckt.

Mallikolo:
Ist Malekula der Neuen Hebriden. Am 21. Juli 1774 von Cook entdeckt.

Maquesas-Inseln:
1595 von Mendaña auf seiner zweiten Reise entdeckt und nach dem Vizekönig von Peru, Garcia Hurtado de Mendoza, Marqués de Cañete, so genannt. Dieser hatten die Expedition ausgesandt.

Maurua:
Die richtige Schreibweise ist Marua, die Insel wird auch Maupiti genannt und gehört zu den Gesellschafts-Inseln.

Middelburg:
Ist die Bezeichnung, die Tasman 1643 der Insel Eua im Tonga-Archipel gab.

Montague:
Ist Muna (auch Nguna, Nuna) der Neuen Hebriden, liegt an der Nordküste von Fate. Von Cook am 26. Juli 1774 entdeckt.

Namuka:
s. Rotterdam.

Neue Hebriden:
Der erste Entdecker sah von diesem Archipel nur eine Insel, die er Australia del Espíritu Santo nannte. Cook gab der ganzen Inselgruppe dann den Namen Neue Hebriden.

Neuholland:
Ist die von den ersten holländischen Entdeckungsreisenden aufgebrachte Bezeichnung für Australien, und zwar für die zuerst entdeckte West- und Ostküste.

Neukaledonien:
Von Cook am 4. September 1774 entdeckt und so benannt. Name ist noch heute für die Insel üblich.

Neuseeland:
Tasmann sichtete am 13. Dezember 1642 als erster diese Doppelinsel, ohne jedoch ihren Doppelcharakter zu erkennen. Er nannte das Land erst Staatenland, später Nova Seeland.

Norfolk-Insel:
Am 10. Oktober 1774 von Cook entdeckt. Er fand diese Insel unbewohnt. Sie wurde jedoch in späteren Jahren zeitweise durch Mischlinge von der Insel Pitcairn besiedelt.

Osnabrück:
Ist die von Wallis 1768 entdeckte Insel Maitea im Tuamotu-Archipel. Er nannte sie Osnaburg. Cook berührte sie am 14. Aug. 1773.

Oster-Insel:
Ist eine Verdeutschung der ursprünglichen Bezeichnung Paascheyland, die der erste Entdecker, Jacob Roggeveen, 1722 dieser Insel gab. Die Entdeckung erfolgte gerade am Ostersonntag. Cook lief sie am 11. März 1774 an.

Otaha:
s. Tahaä

Palliser-Insel:
Diesen Namen gab Cook 1774 den 4 im Osten von Rangiroa liegenden Inselgruppen: Arutua, Apataki, Kaukura, Toau, die schon 1722 von Roggeveen entdeckt worden waren.

Palmerston-Insel:
8 sandige Inseln, die zusammen ein Atoll bilden. Cook entdeckte sie am 16. Juni 1774 und nannte sie nach dem Lord der Admiralität.

Pauhm:
Ist Paäma der Neuen Hebriden u. liegt zwischen Ambrym und Epi.

Pfingst-Insel:
Von Cook am 16. Juli 1774 gesichtet. Heißt in der Eingebornensprache Aragh oder Araga, auch Pentecôte genannt.

Pilstaart-Insel:
Von Tasman 1643 nach einem tropischen Vogel so benannt, ist Ata in der Tonga-Gruppe. Cook weilte vom 8. bis 10. Oktober 1773 hier.

Raiatea:
Auch Ulietea genannt, gehört zu den Gesellschafts-Inseln.

Resolution-Insel:
Ist Tauere oder Taueri im Tuamotu Archipel. Wurde 1772 von Boenechea entdeckt, von Cook am 11. August 1773 gesichtet.

Rotterdam:
Tasman gab der Insel Namuka in der Tonga-Gruppe diesen Namen, von Cook als Anamoka angegeben.

Sandwich-Insel:
Von Cook am 26. Juli 1774 entdeckt. Es handelt sich um die Insel Faté der Neuen Hebriden.

Sta. Christina:
Ist Tahuata der Marquesas-Inseln. Von Cook am 7. April 1774 besucht. Wurde bereits von Mendaña 1595 entdeckt.

S. Pedro:
Motane oder Mohotane der Marquesas Inseln. Zu eben der Zeit wie die vorige Insel von Cook berührt. Entdeckt hat sie Mendaña 1595.

Savage-Insel:
Ist das Niue der Karte. Von Cook am 20. Juni 1774 entdeckt und dem Charakter der Eingeborenen nach so benannt.

Shepherds-Inseln:
Eine Inselgruppe in der Nähe von Epi, besteht aus Tongoa, Tongariki, Buninga, Balea, Ewose, Laika, Mae und Tewala. Von Cook am 24. Juli 1774 berührt.

Societäts-Inseln:
s. Gesellschafts-Inseln.

Tahaä:
Liegt im selben Riff wie Raiatea, gehört zu den Gesellschafts-Inseln.

Tahiti:
Auch Otaheite bei Cook genannt, wird zu den Gesellschafts-Inseln gerechnet. Von Quiros, der es am 10. Februar 1606 entdeckte, als Sagittaria angegeben. Wallis entdeckte die Insel 1767 wieder.

Tanna:
Auch Aipere genannt, zählt zu den Neuen Hebriden. Wurde von Cook am 5. August 1774 entdeckt.

Tofua:
Eine Vulkaninsel, die zur Tongagruppe gehört. Von Cook am 30. Juni 1774 besucht.

Tongatabu:
Am 29. Januar 1643 von Tasman entdeckt, er nannte sie Amsterdam.

Tuamotu:
s. Archipel der flachen Inseln.

Turtle-Insel:
Ist Vatoa in der Fidschi-Gruppe. Von Cook am 3. Juli 1774 gesichtet.

Van-Diemens-Land:
Am 24. November 1642 entdeckte Tasman die heute ihm zu Ehren

benannte Insel Tasmanien. Nach dem Statthalter Van Diemen, der die Expedition Tasmans ausgesandt hatte, benannte er das neu entdeckte Land Van-Diemens-Land. Erst die spätere Zeit wechselte die Bezeichnung.

Zweihügel-Insel:
Von Cook, der sie am 24. Juli 1774 sichtete, Two Hills genannt. Es ist Mataso der neuen Hebriden, im Norden von Nguna (Montague) gelegen.

Längenmaße:
1 Fuß = 30 ½ Zentimeter, 1 (deutsche) Meile = 4 ½ engl. = 7 ½ Kilometer, 1 Schritt = 3 Fuß, 1 Zoll = 2 ½ Zentimeter.

Sonderkarte I zu Cook, Die Suche nach dem Südland.

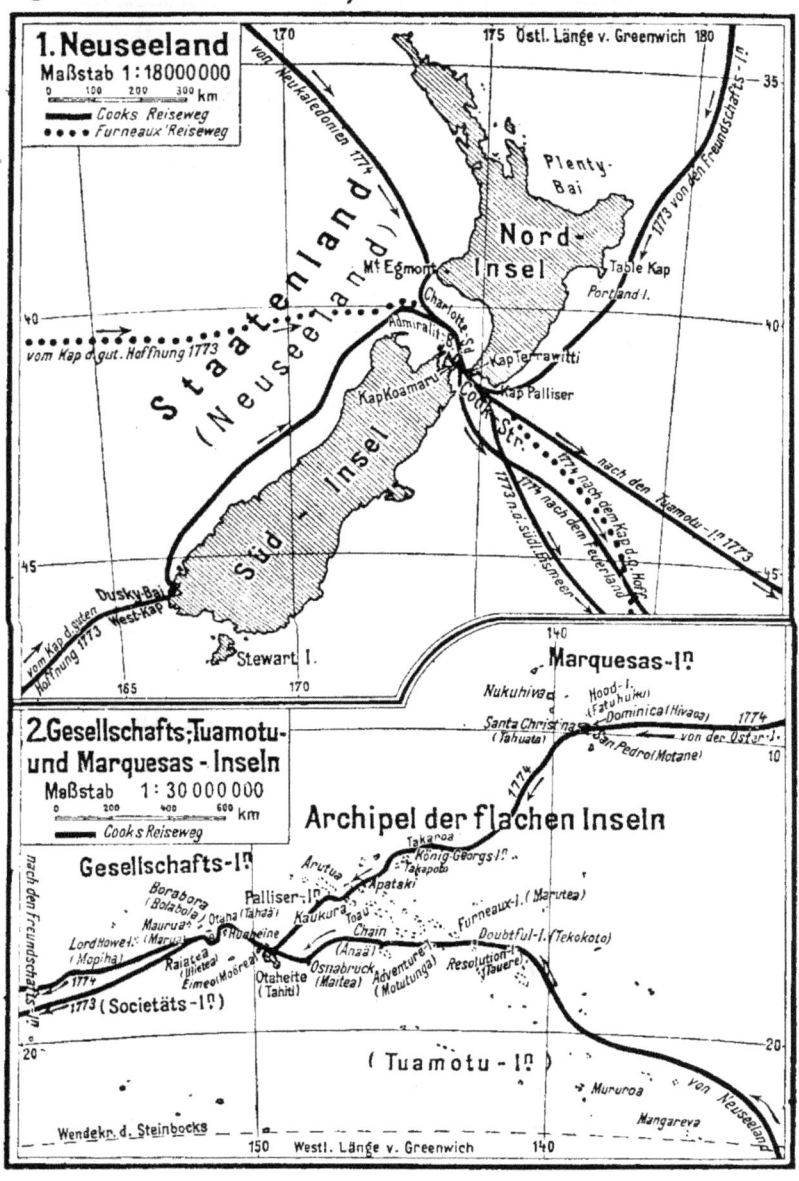

Sonderkarte II zu Cook, Die Suche nach dem Südland.

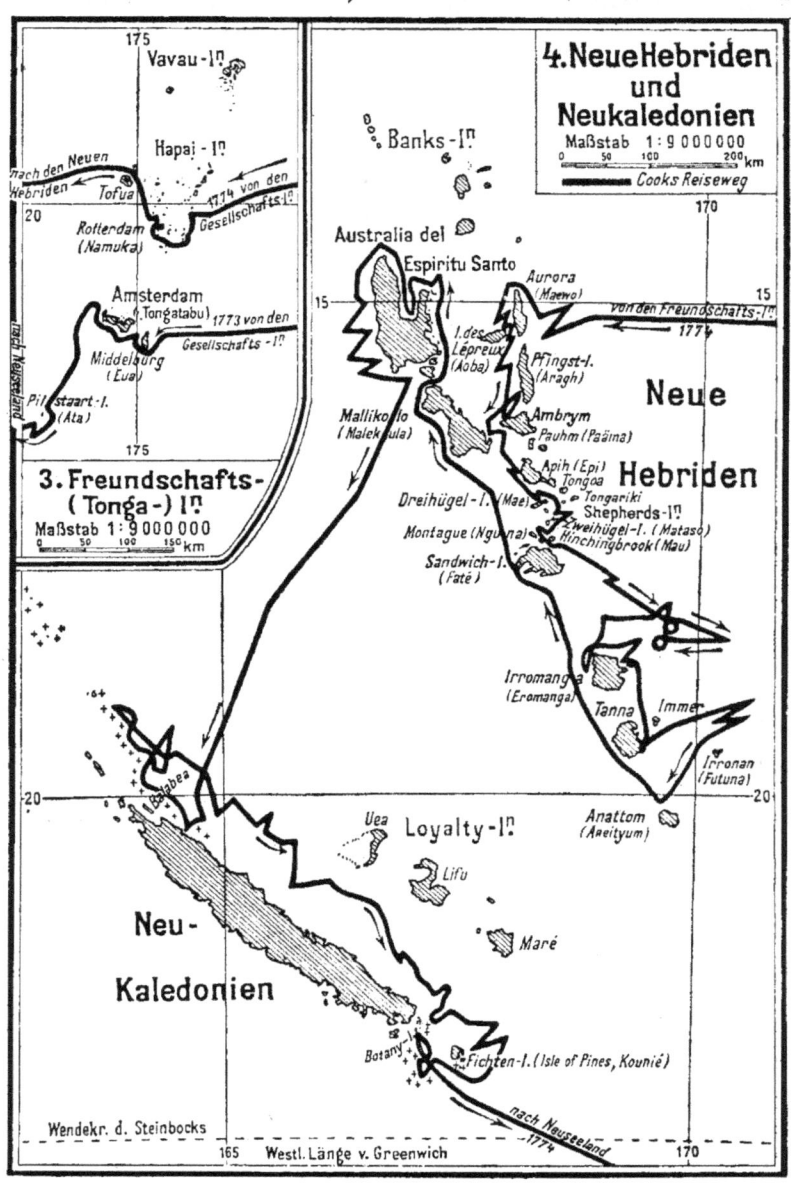

Aus der Reihe traveldiary history bei der SDS AG bisher erschienen:

Aus der Reihe traveldiary history bei der SDS AG bisher erschienen:

www.ingramcontent.com/pod-product-compliance
Lightning Source LLC
Chambersburg PA
CBHW070937180426
43192CB00039B/2317